陰陽五行でわかる日本のならわし

長田なお

はじめに

「陰陽《いんよう》五行説《ごぎょうせつ》」と聞くだけで難しそうだなと思う方もいるかもしれません。しかし、その「陰陽五行」の考え方は、日本の暮らしの中にしっかりと根付いていて、その上に私たちの生活が営まれています。

暦、様々な行事、神事、冠婚葬祭、日々のならわし、都市の設計から、家の間取り、おとぎ話、言い伝えなど、ありとあらゆるものが陰陽五行の影響を受けていますが、私たちはその理由を知らないまま、当たり前のこととして日々を過ごしています。

例えば「なぜ、お昼前を午前といい、その後を午後というのか？」とか、「なぜ、食事の時にご飯は左、汁物は右に配膳するのか？」など、あまりにも身近で当たり前のこと過ぎて疑問にも思わないようなことにも、陰陽五行説が関係しているのです。

陰陽五行説は、中国の古代の思想で、世の中を陰と陽で考える「陰陽説」と、それとは別に発生した、世の中を「木・火・土・金・水」の五つの要素で考える「五行説」が一緒になった考え方です。まず、陰陽の見方をご紹介したあと、五行を含んだ見方をご紹介していきます。

陰陽五行の考え方は、古代の人々の自然と対応した壮大な宇宙観そのものですが、現在の生活の中でも色褪せることなく生き続けています。一見、難しく捉えられてしまう陰陽五行説を、身近な例を引きながら、わかりやすくその考え方をひも解いていきます。日々の生活の根底を流れる思想を知ることは楽しいことですし、それを意識することは自然と調和して生活することに繋がっていきます。私たち人間も、宇宙の中の一つなのです。

この本が、皆様が難しいと感じられている「陰陽五行」のご理解の一助となれば幸いです。

陰陽五行説は五世紀頃に日本に渡ってきて以来、日本全国で伝えられてきましたので、その地域や社会によって独特の発展をしていることもあり、ここでご紹介するものは標準的なものですが、実際には様々な事例がありますことを申し添えさせていただきます。

本書を出版するにあたり、淡交社の土屋晴香さんをはじめ、多くの方々にお力添えをいただきました。この場を借りて御礼申し上げます。

今は鬼籍に入られてしまいましたが、ご指導を賜りました中村璋八先生、吉野裕子先生の両氏に心からの感謝を捧げます。

長田なお

目次

陰陽のはなし

基礎知識

陰陽五行のはなし

付録
易のはなし

- 本書における祭事や行事名は必ずしも正式とは限りません。
加えて、全国共通の祭事・行事ではない場合もあります。
- 本書に掲載している図表は、すべて新暦に統一しています。
- 陰陽五行にはさまざまな解釈があります。
本書で紹介する説は必ずしも通説ではなく、著者の見解によるものです。
その真偽を確定するものではありません。

「陰陽のはなし」

陰《いん》陽《よう》説《せつ》ってなに？

陰陽説、陰陽思想は、古代中国に生まれた思想で、全ての事柄は陰と陽からなり、それらがお互いに影響しながら、補い合い、調和し合って万物を生成し、発展していくというものです。宇宙の原初の状態を「太極《たいきょく》」といいます。天地が陰陽に分かれていない全てが混ざった、混然たる状態のことです。森羅万象は、太極から陰と陽に分けられ、陰と陽のあり方によって様々な事象を説明することができます。

陰陽とは、例えば、昼は陽性で明るく、夜は陰性で暗いといった相反する二つのものをいい、他にも、男と女、動と静、剛と柔、表と裏、太陽と月などがあります。相反するものは、それぞれが独立して存在するのではありません。陰陽がお互いに依存しあって存在しており、片方があるからもう一方も成り立つというような二元論の考え方に基づきます。

地球においては完全な陽や完全な陰はなく、必ず少しでも相反するものの要素がもう一方の中に存在します。陰の中にも陰と陽の性質があり、陽の中にも陰と陽の性質があります。そして、それらがお互いにバランスをとりながら、常に変化していきます。陰が増えれば陽が減り、陽が増えれば陰が減るという量的な変化が行われ循環しているのです。

また、陰が極限まで増えると陽に転じ、陽が極限まで増えると陰に転じるという特徴的な性質があります。

◉陰陽表

陽	陰
天	地
火	水
男	女
剛	柔
熱	冷
暑	寒
明	暗
太陽	月
左	右
上	下
高	低
朝	夜
奇数	偶数
吉	凶

◉太極図

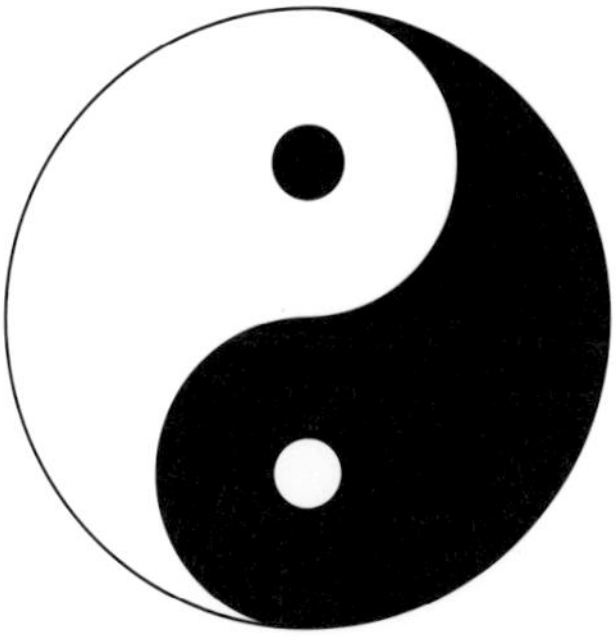

太極図は道教のシンボルでもあります。
宇宙の原初の混然たる状態が
陰陽に分かれていきます。

なぜ、日本料理は奇数だらけなの？

もてなしのための正式な膳である本膳料理では一汁五菜、茶の湯の懐石《かいせき》料理では一汁三菜が基本とされ、奇数が使われています。お造りや炊き合わせの食材の数も、七、五、三と、奇数にすることが多くなっています。食器なども五枚組みであったり、五本一組であったり、「五」の数字の揃いが一般的です。五という数は、五行《ごぎょう》（34頁）の「五」でもあり、ちょうどバランスの良い安定した数です。人間の指が五本であるのも、「五」という数字が重要な意味を持つのと関係しています。「五」は、中央を意味する数字でもあり、日本の文化の根幹を成す数でもあります。

陰陽説における数の考え方では、奇数が陽の数であり、偶数は陰の数になっています。日本料理では、陽の数である奇数を使うことがほとんどです。その反面、西洋では一ダースの十二個、半ダースの六個など、一対を意識した二の倍数である偶数の数字が基本となって組み合わされています。

西洋の文化では、男女、夫婦が一対となり、二つ一組が基本です。日本の文化には、古くから奇数を意識した足跡が至るところに見られます。

なぜ、ご飯は左、汁は右に配膳するの？

私たちは、ご飯茶碗を左に、汁椀を右に配膳します。これを反対にしてしまうと礼儀に反しますので、幼い頃から厳しく躾けられます。

なぜ、ご飯を左に、汁を右にするのでしょう。

日本人にとってご飯（米）は、思い入れのある格別の主食であり、昔から大切にされてきました。稲は神様から賜ったありがたい食物で、神様の依り代にもなる尊いものです。米をつくるには八十八の工程が必要なため、「米」（八十八）の字が使われているというほどに大変な手間をかけないと口にすることのできない貴重な食べ物でもありました。陰陽説では、左を陽で尊いとみなし、右を陰で卑しいとみなします。主食のご飯（米）を左に、汁を右に並べるのは、理にかなっていますね。古くから、ご飯と汁の位置が逆になると、「夷《えびす》膳《ぜん》」と呼ばれ、礼を欠くことになるとされています。右は陰で、「水」も陰と対応しています。

そして、実際の配膳でも、汁やお茶など、液体の類は右側に配置されます。これは、人間行動学的な手の機能の合理性から考え出されたことと思われますが、それが、陰陽説の考えと同じ配置になっていることに驚かされます。

盛り付けに陰陽説が関係している？

日本料理では、陽である奇数が大切にされてきたとお伝えしました（12頁）。

盛り付けでは、四角い器（陰）に丸く（陽）ものを盛ったり、丸い器（陽）に四角く（陰）ものを盛ったりします。これを「陰陽和合《いんようわごう》」といい、バランスが良いとされます。

器に料理を盛り付ける範囲を「味込《みこみ》」といいますが、陽である円形の器の場合は、円形に内接する正方形を描き、その正方形に内接する円形の範囲が味込となります。陰である四角い器の場合は、内接する円を描き、その円に内接する方形の範囲が味込となります。基本的にはこの範囲が盛り付けの目安になります。

懐石や饗応《きょうおう》料理に、八寸《はっすん》角の折敷《おしき》に盛り付ける「八寸」という料理があり、海のものと山のものを盛ります。海のものは、魚などの動物性のものが多く、海＝陰＝内側、動物性＝陽＝左で左の手前に盛り付けます。山のものは、野菜などの植物性のもので、山＝陽＝外側、植物＝陰＝右で右の奥（向こう側）に盛り付けます。

折敷の閉じ目は向こう側（奥）に向けて据えます。

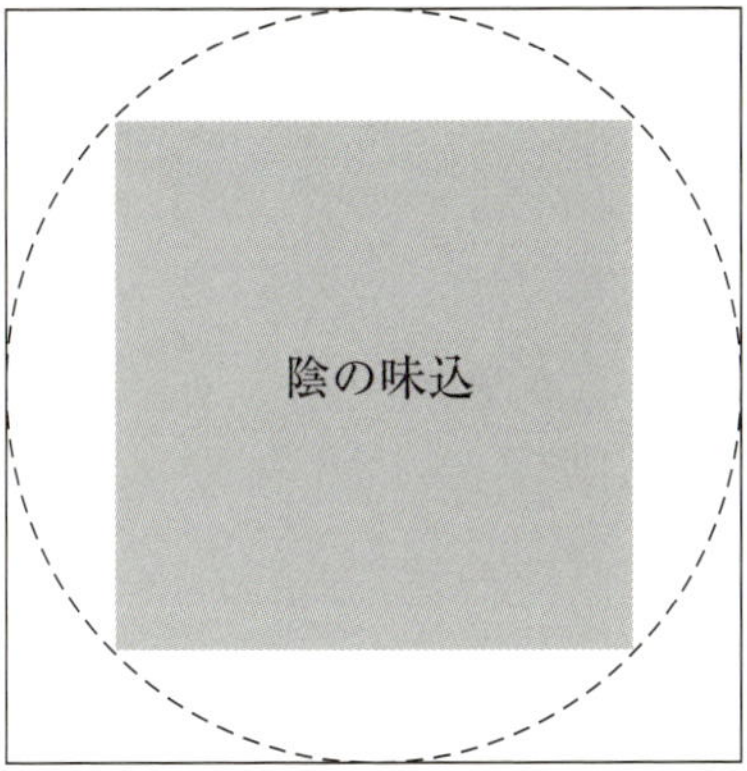

◉四角い器の味込

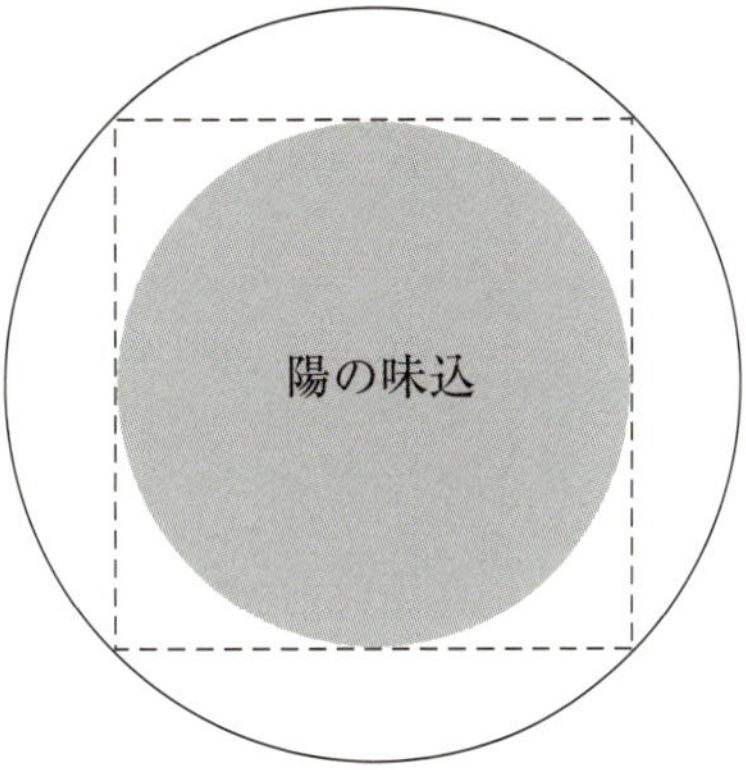

◉円形の器の味込

◉八寸

なぜ、殿様は朱塗りの御膳を使うの？

昔の日本では食事を供する時にテーブルのようなものはなく、それぞれに御膳という形で供せられました。神様や仏様にお供えする供膳も同様です。神様には、神聖な白木の三《さん》方《ぼう》が使われました。三方は、古くは天皇や貴族の御膳としても使われていたようです。

基本的な御膳といえば、朱塗りの御膳と黒塗りの御膳があります。朱塗りの御膳は朱色＝陽、黒色の御膳は黒＝陰となるため、殿様には陽を表す朱塗りの御膳が使われます。その他、朱塗りの御膳は「朱膳朱椀」といって、格式が高い本膳料理などに使われました。寺院で使用することも多かったようです。

一方、黒塗りの御膳は一般家庭で多く使われ、懐石料理でも利休好みの黒い御膳が使われます。

その他、御椀やおせち料理に使う重箱などに、内も外も黒塗りのもの、外が黒で内が朱塗りになっているもの、内も外も朱塗りになっているものがあります。

なんとなく、黒色は男性用、朱色は女性用という感じがしますが、陰陽の法則では、男性用（陽）は朱色、女性用（陰）は黒色になります。

なぜ、祝いの膳には「柳箸《やなぎばし》」を使うの？

祝儀の膳や正月の膳などに添えられる箸は、「祝《いわ》い箸」といわれる、柳の木でつくった「柳箸」です。祝膳《いわいぜん》の他、神事の直会《なおらい》（20頁）などにも使われ、真白い柳の木肌が清浄を表します。程よくしなり、折れにくい柳の箸は、箸が折れることを縁起が良くないと嫌う祝儀の席には欠かせません。

祝い箸は丸い箸で両端が細くなっていますが、これを「両口箸《りょうぐちばし》」「両細箸《りょうぼそばし》」ともいいます。神様が一方で召し上がり、もう一方で私たちがいただくという神人共食《しんじんきょうしょく》のための神聖な箸です。柳は「家内喜《やなぎ》」とも書き、言霊《ことだま》の意味からも喜びを家の中に取り入れられると考えられてきました。また、丸い箸ということで、丸は陽を表しています。

反対に、「割り箸」は「割る」という言葉の意味や、実際に一本を二つに割って使うこと、そして、形状が方形（四角）で陰を表しますので、おめでたい席、新年を祝う正月膳などには使いたくないですね。

祝い箸は白木なので、似たような白木の木肌の割り箸と同じようなものと思っている人もいるかもしれませんが、祝い箸は、割り箸とは違い、格式の高い箸です。箸は、食べ物と私たちの体を繋ぐ大切な「橋」渡しの道具です。

なぜ、結婚式には奇数の金額を包むの？

結婚式のお祝いには、割り切れない数（＝奇数）のお金を包む習慣があります。

結婚式は祝いの儀式のため、陽の数であるおめでたい奇数の金額を包みます。これは、陰陽説にならって陽の数を使っているのですが、日本の言霊の文化も加わったしきたりです。

結婚のお祝いなのですから、私たちは忌み言葉である「割る」や「別れる」を使わないようにしたいのです。そこで、「割ることのできない」数である奇数＝陽の金額を包んで、「別れることのない」ことを表現しています。新郎新婦の末永い幸せを祈っているのです。

さらに、日本には、祝儀の包みのしきたりもあります。結婚祝い包みの水引《みずひき》は、結びが何度でも解けてしまう引き解き結びでなく、ぎゅっと結び切る「真結び」または「鮑結び《あわび》」で結びます。その結婚が生涯に一度きりであり、末長く続くことを祈る形です。もちろん、水引の本数は、陽の数である奇数本を使います。

私たちは、このようにして祈りの形を幾重にも重ねます。

◉真結び

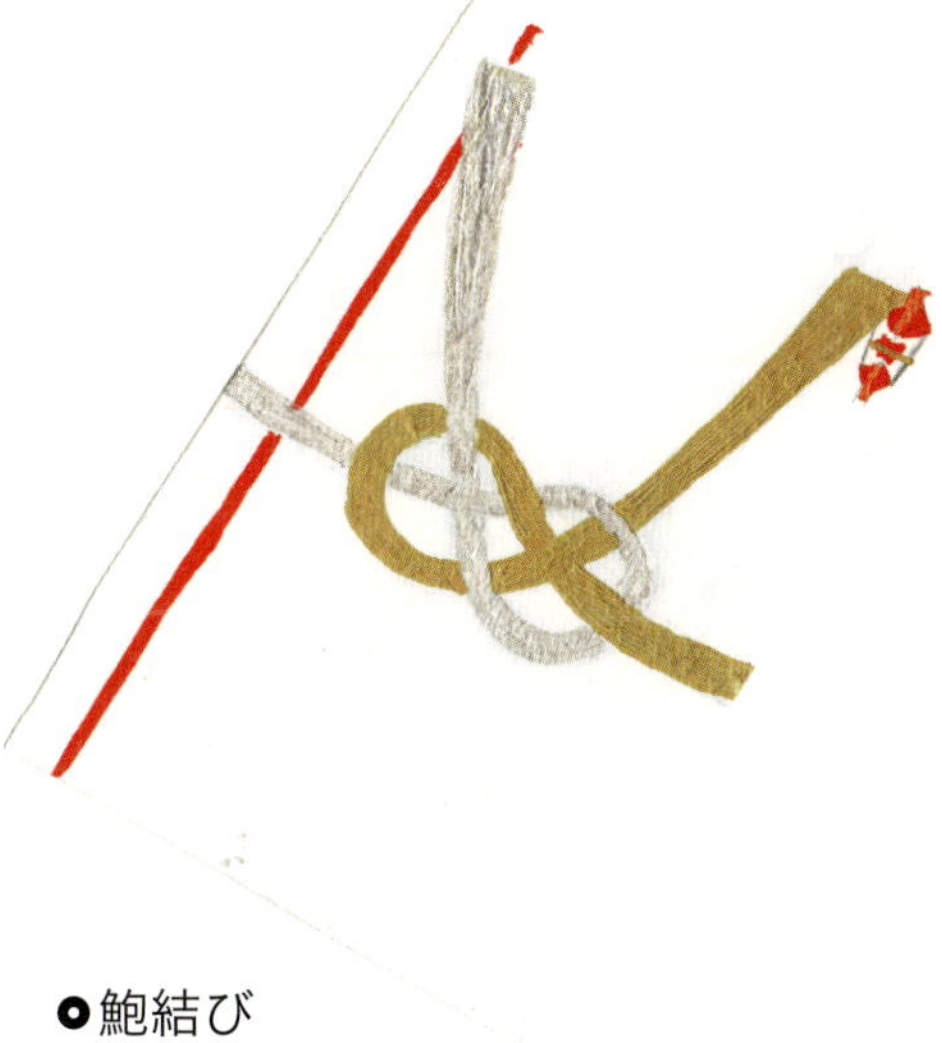

◉鮑結び

どうやって、五節句の日が決まったの？

五節句は、一月七日の「人日《じんじつ》の節句」（92頁）、三月三日の「上巳《じょうし》の節句」（104頁）、五月五日の「端午《たんご》の節句」（108頁）、七月七日の「七夕《しちせき》の節句」（110頁）、九月九日の「重陽《ちょうよう》の節句（112頁）」の五つの節句をいいます。どの日も、奇数の日です。

陰陽説では数字も陰陽に分けられ、一、三、五、七、九の奇数は陽の数、二、四、六、八の偶数は陰の数となります。節句になる日は、月も日も共に同じ奇数が重なる日です。この日は「重日思想《じゅうじつしそう》」といい、陽の数が二つ重なるため、陽の気が強すぎてしまい、古い時代の中国では悪い日とされました。「陽が極まると陰に転じる」という思想です。そこで、神様を招いて節会《せちえ》（節供《せっく》の祭り）の料理を供えて祀り、神様に私たちの穢《けが》れを持ち帰っていただくのです。このように禊祓《みそぎはら》いをする日を節句といいました。節句の字を「節供」と書くこともありますが、神様に供物をしていた神事であったためです。そして、「直会《なおらい》」といって、節句料理のお下がりを神様と共にいただき、神様の御力をいただきます。この時に使われるのが、祝い箸です（17頁）。

左上に七草籠（人日）、左下に雛人形（上巳）、右上に兜飾り（端午）、
中央に笹の葉飾り（七夕）、右下に菊の被せ綿（重陽）。

なぜ、上手《かみて》と下手《しもて》があるの？

日本の劇場では、歌舞伎や能の舞台をはじめ、客席から見て右を上手といい、左を下手といいます。これを客席から見て「向かって右が上手」といいます。つまり、舞台から見ると、舞台の左袖が上手、右袖が下手ということになります。

左上位か右上位かは、古くは中国において時代ごとに変遷がありました。中国の文化を取り入れてきた日本でも、時代ごとに左上位か右上位かは、コロコロと変わりました。

唐代に左上位となり、その影響を受けた平安時代の日本の制度は左優先の文化となりました。京都の街の配置は、北の大内裏を中心にして、右側が左京区、左側が右京区になっています。なぜなら、中国の「天子南面《てんしなんめん》す」の考え方では、北から南面する（南を向いている）大内裏の御所から見て、右側（＝陰）になる西が右京で、左側（＝陽）になる東が左京になるからです。

これは、雛人形の段飾りの並べ方にも表れています（104頁）。御所の様子を表した飾りには、向かって右に左近の桜、向かって左に右近の橘《たちばな》を配置します。また、左大臣は向かって右に、右大臣は向かって左に飾ります。左大臣は右大臣よりも位が上です。左大臣は白髪で年長《としおさ》の姿で表されています。

なぜ、着物は右前にして着るの？

私たちは、着物を右前に着ます。

自分の右側の部分（衽《おくみ》）を先に着付けてから、その上に左側の部分（衽）を重ね合わせる着方が「右前」です。これと反対に着る着方を「左前」といい、死装束《しにしょうぞく》の経帷子《きょうかたびら》を着せる方法と同じため、忌み嫌われます。通常の右前という着方が「順」の作法に対して、「逆」の作法になり、縁起が悪いとされます。「右前」の着方は、元正《げんしょう》天皇（女帝）の「襟を右に令《せし》ム」という詔《みことのり》以来、約千三百年に渡って続いています。

右前に着るということは、祝儀袋と一緒です。まず、包みたいもの（紙幣など）を紙の中心において、紙の正面に向かって、左（＝陽）、右（＝陰）の順番で包みます。着物の着方も同じで、着付けをされる場合も、祝儀の包みと同じことになります。反対に、左前の着方は、不祝儀の包みと同じことになり、縁起が悪く忌み嫌われます。

また、「左前になる」という言葉は、左前＝死装束の意味から、「物事がうまくいかなくなる」「経済的に立ち行かなくなる」などを意味し、最も避けなくてはいけないことを連想させます。

どうやって、神様は誕生したの？

古事記にとても仲のよい夫婦神の伊邪那岐命《いざなぎのみこと》・伊邪那美《いざなみの》命《みこと》のお話があります。男神の伊邪那岐命が、亡くなった妻の伊邪那美命を追って黄泉《よみ》の国（死の国）に逢いに行くお話です。そこで、黄泉の国の穢れに触れてしまって逃げ帰り、黄泉の国の死の穢れを祓うために禊をします。伊邪那岐命が「筑紫《つくし》の日向《ひむか》の橘の小門《おと》の阿波岐原《あわぎはら》の河原」で川に入って身を清めながら、左目を洗った時に誕生したのが、太陽の象徴である天照大神《あまてらすおおみかみ》、そして、右の目を洗った時に誕生したのが、月の象徴である月読命《つくよみのみこと》です。その後、鼻を洗った時に誕生したのが、須佐之男尊《すさのおのみこと》です。

これは、天照大神＝太陽＝陽＝左、月読命＝月＝陰＝右のルール通りのお話です。

そして、このお話で、男神の伊邪那岐命は生きている者たちの地上の世界を、女神の伊邪那美命は死者の黄泉の国を統治することになります。

ここでも、生者＝地上＝陽＝男神（伊邪那岐命）、死者＝地下（黄泉の国）＝陰＝女神（伊邪那美命）の陰陽の法則が使われています。

古事記原文

……是を以ちて伊邪那伎大神詔りたまひしく、「吾は伊那志許米志許米岐。穢き國に到りて在り祁理。故、吾は御身の禊爲む。」とのりたまひて、筑紫の日向の橘の小門の阿波岐原に到り坐して、禊ぎ祓ひたまひき。…（中略）…是に左の御目を洗ひたまふ時に、成れる神の名は、天照大御神。次に右の御目を洗ひたまふ時に、成れる神の名は、月讀命。次に御鼻を洗ひたまふ時に、成れる神の名は、建速須佐之男命。…（中略）…此の時伊邪那伎命、大く歡喜びて詔りたまひしく、「吾は子生み生みて、生みの終に三はしらの貴き子を得つ。」とのりたまひて、即ち御頸珠の玉の緒母由良邇。取り由良迦志て、天照大御神に賜ひて詔りたまひしく、……

なぜ、伊勢神宮には内宮《ないくう》と外宮《げくう》があるの？

私たちの神仏に対する敬う形を表したのが、祭祀儀礼です。この中には陰陽説が色濃く反映されています。

たとえば、我が国の皇祖神《こうそしん》をお祀《まつ》りする伊勢神宮です。神宮には、天照大神をお祀りする内宮と、豊受大神《とようけのおおかみ》をお祀りする外宮があります。内宮と外宮が、陰陽として対応する形で、祭祀が行われています。

実は当初、伊勢神宮には、天照大神をお祀りするお社だけがありました。雄略《ゆうりやく》天皇の御代のある夜、天照大神が雄略天皇の夢枕に立たれて、「ひとりでいるのは寂しく、食事も満足に安らかにできない。丹波国比治《ひじ》の真名井《まない》の穀神、豊受大神を迎えてほしい」と告げられ、早速に、丹波の国から豊受大神を勧請され、度会《わたらい》の山田原に神殿をつくって祀られました。これが外宮となり、天照大神をお祀りするお社が内宮となったのです（伊勢神宮外宮の社伝『止由気宮儀式帳』）。

天照大神（女神）をお祀りする内宮は、女神＝陰＝内宮で、陰陽の法則通りになっています。

一方、外宮にお祀りしている豊受大神は豊穣を司り、天照大神様のお食事を担当される女神様ですが、内宮（陰）に対しては外宮（陽）ということで、陽を担当されています。

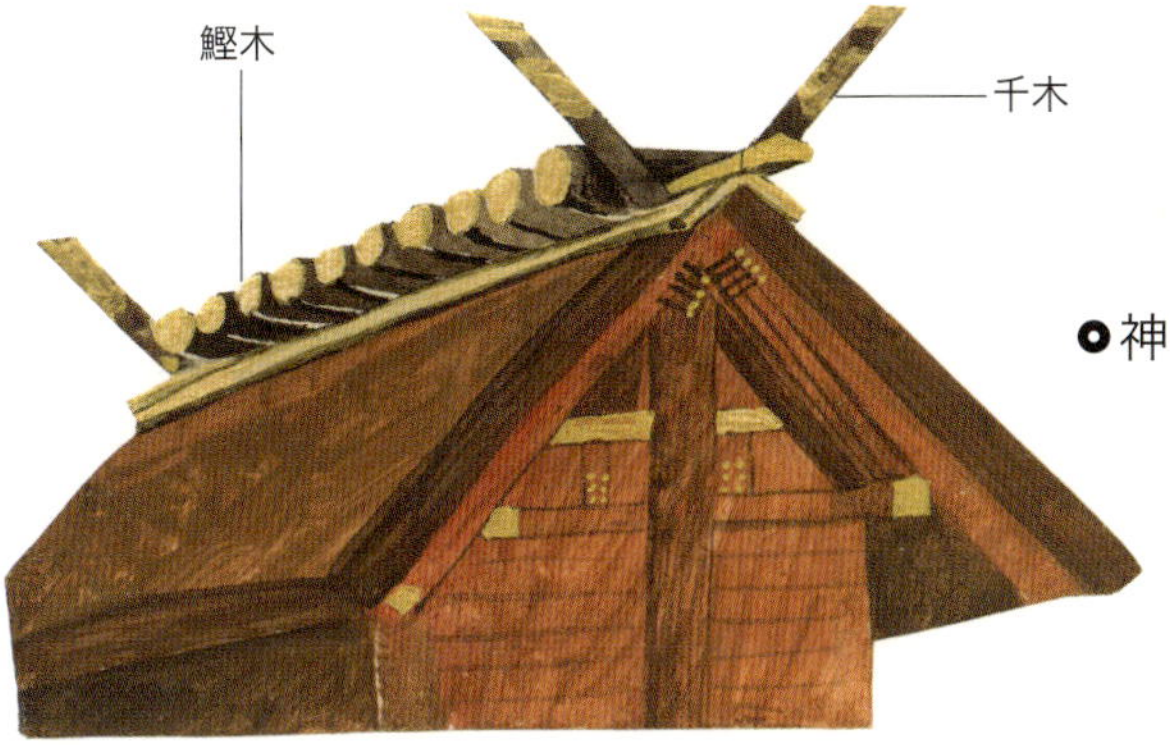

伊勢神宮の建築様式は唯一神明造という様式です。この屋根にも、陰陽の特徴が見てとれます。

まず、屋根の上の千木《ちぎ》という部分を見てみましょう。内宮では平削ぎといって、千木が地面に対して水平に切られています。水平ということは横であり、内＝陰＝横の法則で、陰を表しています。反対に、外宮では縦削ぎといって、千木が地面に対して垂直に切られています。垂直ということは縦であり、外＝陽＝縦の法則で、陽を表しています。

また、千木の間には、鰹木《かつおぎ》が置かれていますが、内宮では正殿が十本で、その他の別宮《べつぐう》が六本や八本といった偶数になっていて、陰を表しています。反対に、外宮では正殿が九本で、その他の別宮が五本や七本といった奇数になっていて、陽を表しています。

ここでは、伊勢神宮のことを書きましたが、それぞれの神社でこの陰陽の法則を見ることができます。主祭神が女神の神社は陰の様式が多く、主祭神が男神の神社は、陽の様式が多いとされていますが、中には何らかの事情で例外の神社もあります。神社の祭祀には、建築様式以外にも至るところに陰陽説の影響が見てとれます。

注連縄《しめなわ》のつくり方とは？

注連縄は、神様を祀る場所など神聖な場所と俗界を隔てる結界《けっかい》として張る縄です。神社にも張られていて、この縄より先には、邪気や悪いものは入れない印となっています。通常、注連縄に和紙の紙垂《しで》や稲わらや麻の垂れを下げ、神域を示します。起源は古く、日本神話の「天の岩戸開き」に見られます。注連縄の素材には稲わらや麻などの神聖な植物を使います。縄の綯《な》い方にも決まりがあります。

日常、作業用に使われる縄は「右綯《みぎなえ》」といい、右手を上に左手を下にして綯っていきますが、神事などに使用する祭祀用の縄は「左綯《ひだりなえ》」といい、左手を上に右手を下にして綯います。これは、左＝陽＝上、右＝陰＝下の陰陽の法則にしたがっています。

正月には、神棚にも注連縄を張ります。神棚から見て左側に綯え始めの「元」を、神棚から見て右側に綯え終わりの「末」が来るようにします。これは、左＝始め＝陽、右＝終わり＝陰の陰陽の法則に則っていて、この注連縄の張り方を「入り船」といい、福が入ってくる縁起の良い張り方です。反対を「出船」といい、一般的に喜ばれません。

形状も大根締めやごぼう締め、胴締めなどがあります。

◉出雲大社

◉神棚

なぜ、神社の狛犬《こまいぬ》は左右一対なの？

神社の狛犬にも、陰陽説の仕組みを見ることができます。神社のお社の入り口にいかめしい形相の獅子《しし》や狛犬が置かれていますね。入り口に対して、左右一対で置かれることによって魔除けの意味を持ちます。

狛犬は左右一対、雌雄《しゆう》一対で見た目がよく似ているため、よく見ないと違いがわからないかもしれませんが、「あー」と口を開けているほうが雄で陽を表し（あ＝開＝陽＝雄）、「うん」と口を閉じているほうが雌で陰（うん＝閉＝陰＝雌）を表します。

これは、「阿吽《あうん》の呼吸」ともいわれるように、息のあった調和した状態、「阿《あ》」と「吽《うん》」の両者の呼吸が一致するような悟りの状態を表します。「阿」は宇宙や物事の始まりを表し、「吽」は宇宙や物事の終わりを表します。日本語の五十音も「あ」で始まり、「ん（うん）」で終わるように、「あ」と「うん」だけで、宇宙万物の根源と究極を表しています。

また、置かれている位置ですが、入り口から本殿に向かって、右側に「阿形《あぎょう》」の雄、左側に「吽形《うんぎょう》」の牝が置かれています。つまり、神様から見て、左側に雄、右側に雌が配置されています（雄＝陽＝左、雌＝陰＝右）。これは、舞台の上

狛犬は左右一対。
阿（向かって右）が雄、吽（向かって左）が雌。

手と下手、京都の左京区と右京区、内裏雛の男雛と女雛と同じく（22頁）、陰陽説の基本的な理論に則っています。

神社では、狛犬の他に神門に随身《ずいじん》が置かれて、神様を守護していることもあります。随身とは、平安時代の警護の役人で弓などの武器を携えています。それらの並び順も理論は同じで、より高位の随身が神様から見て左側に、下位の随身は右側に配されます。内裏雛の左大臣、右大臣も同じですね。

ここまでは神社のお話をしましたが、寺院にも陰陽説が見られます。山門に左右一対の仁王像が置かれているのをよく目にします。口を開けた阿形の仁王像、口を閉じた吽形の仁王像が置かれ、仏様を守護しています。ただし、場所によっては、昔からある言い伝えなどの何らかの事情により陰陽（左右）が反対に配置されていることがあります。その場合でも左右に配置されたものが一対となって、邪気を祓います。

狛犬は、神社の祭神や神使《しんし》によって姿が異なります。獅子であったり、稲荷神社であれば狐であったり、三峯《みつみね》神社であれば狼であったり、日枝《ひえ》神社であれば猿であったり、その神社によって様々な狛犬と出会うことができ、神社参拝の楽しみの一つでもあります。

「陰陽五行のはなし」

❶陰《いん》陽《よう》五《ご》行《ぎょう》説《せつ》ってなに？

「陰陽五行説」は古代中国の哲学で、「陰陽説」（10頁）と「五行説」という二つの説が合わさってできた考え方のことをいいます。

陰陽説は、一章で説明してきました。この世の中に存在する全て（森羅万象）は、相反する二つの性質をもつ陰陽の調和から成り立ち、陰陽の消長、変化、循環によって、様々な事象が生まれていくという考え方です。

五行説は、宇宙の一切の万物は木・火・土・金・水の五つの気（五行）によってできているという考え方です（五つまとめて呼ぶ時は「もっかどごんすい」と発音します）。

元々あった陰陽説に鄒衍《すうえん》（中国の春秋戦国時代の陰陽家）が五行説を取り入れて「陰陽五行説」を唱え始めました。

この世の中の一切の万物は陰陽二気によって生じ、木・火・土・金・水の五行に配当されるという思想で、宇宙には、この五つの気が絶えず循環しているとされます。その五つの気が巡っていること、運行していることを「行」と表し、五行といいます。

五行には「相生《そうしょう》」という関係と「相剋《そうこく》」という関係があります。五行の相生、相剋による五つの気の勢いの変化やそれに伴う森羅万象の生成、変化を説く考え方が陰陽五行説です。

水

金

木

土

火

❷五行の法則（相生・相剋）

五行の法則の中には、「相生」と「相剋」があります。自分から他のものを生み出していく「相生」と、反対に他のものを剋していく「相剋」があります。

相生

「木生火」は、木が擦れて火が発生するということを表します。

「火生土」は、火が燃えて灰になることを表します。灰は土気になります。

「土生金」、金属は土の中に埋まっています。土から金属が生まれることを意味しています。

「金生水」、金属の鉱脈の近くには水源があります。また、冷たい液体の入った容器の表面に水滴がつくような様子を意味しています。

「水生木」は、水は木を育てる、木には水が必要であるということを表します。

このような相生の関係は、時計周りに、一方向に「木生火」、「火生土」、「土生金」、「金生水」、「水生木」と循環します。

何かを生み出していく親子関係のような、穏やかな、自然な、協力的な関係をいいます。

相剋

剋するとは、やっつける、いじめるなど、抑制していく意味があります。

「木剋土」、木は根を張って土を締め付けたり、土の栄養を吸い取ります。

「土剋水」は、土は水を制御する力があることを表します。洪水の時に土嚢によって水をせき止めたり、川の治水工事で堤防をつくったりするのは、「土剋水」の力を使っています。

「水剋火」、火事の時には水をかけて消火させます。消防隊による消火活動は「水剋火」の力を使っています。相剋の中でも「水剋火」の剋は、強い力を持ちます。

「火剋金」、金（金属）は硬くて強い剛健なものですが、高温の火には溶けてしまいます。

「金剋木」、木（植物）は金属の刃物によって、切り倒されてしまいます。木は、金を嫌います。

相剋の関係は、五行の図の中では、五芒星の形になり相手に対して向かっています。ですから、相剋をする方もされる方も、お互いに力を消耗します。相剋は相生とは違い、緊張を生む関係です。

◎相生・相剋の関係

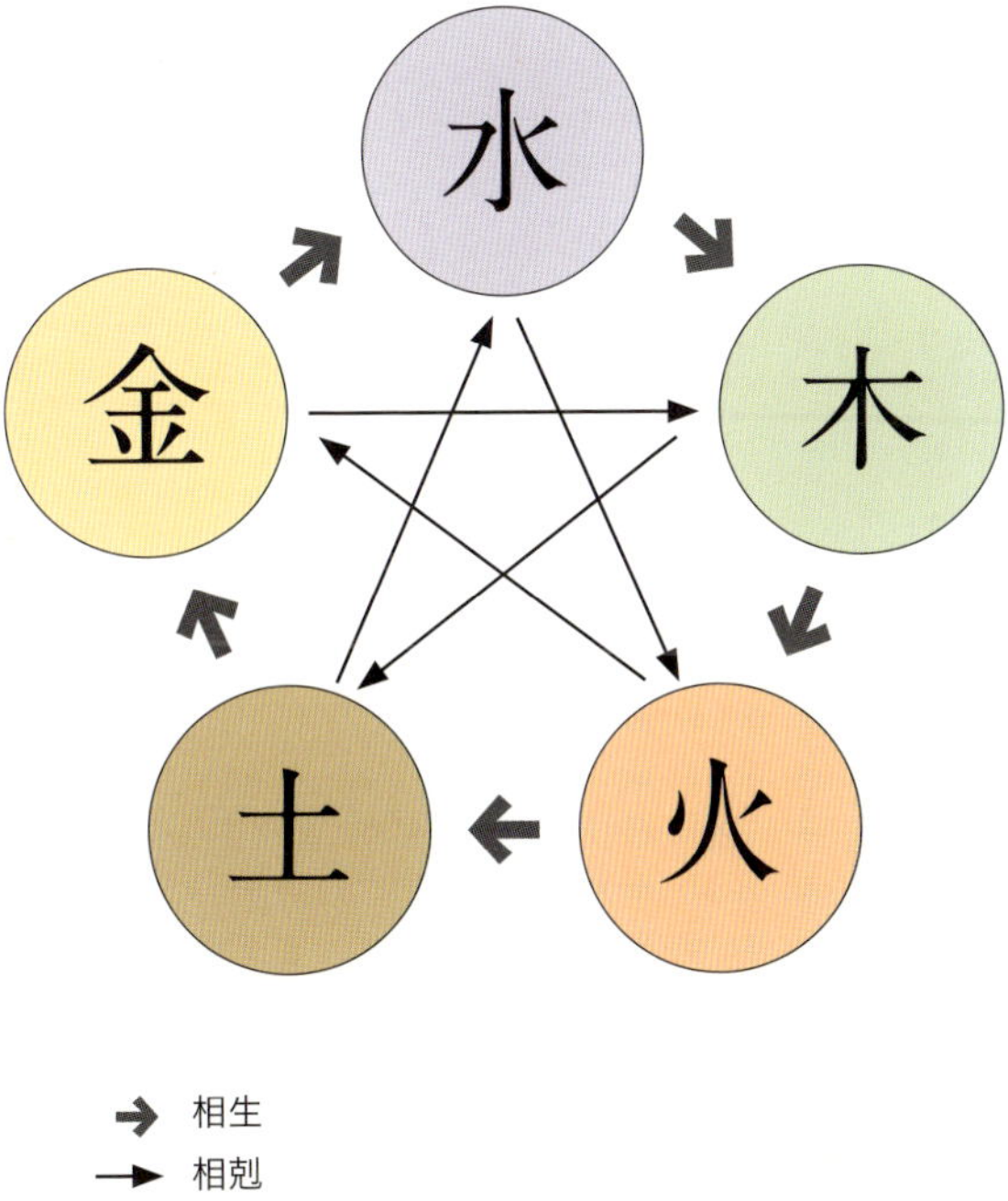

③五行の配当

五色《ごしき》

五行の色は、青が「木気」、赤が「火気」、黄が「土気」、白が「金気」、黒が「水気」に配当されます。

木は植物で青色（緑色）のため、青は木気に配当されます。信号の緑色を「青」というように、青から緑といった寒色を総じて青色で表します。

火は赤色のため、赤は火気に配当されます。

土は中国の黄砂からわかるように黄色です。黄は土気に配当されます。

金は、金属の色をイメージするシルバーメタリックの色、白い輝きですので、金は白に配当されます。

水は黒に配当されます。水は北と夜を表します。真夜中の水（海）の色は、黒色です。本来は黒色ですが、黒を紫色で表すこともあります。

五色とは、青、赤、黄、白、黒の五つの色が揃ったことをいいます。五色の短冊や五色の吹流し、五色幕、五色素麺、五色の糸、五色筆など、様々な五色が揃った品物を目にします。五色が全て揃ったということは、五行が全て揃ったことになり、宇宙の森羅万象の全てを表します。五行がそれぞれを相剋しますので、五色が揃えば最強の魔除けになるのです。

五季

一年は四季に分かれますが、五行は五つの気で構成されていますので、一年は五つの気に配当されます。

木気は春、火気は夏、金気は秋、水気は冬です。土気については、純粋な四季に配当されていないのですが、春夏秋冬それぞれの季節の最後の月である丑、辰、未、戌の四支が「土」を表し、土用として各季節の終わり約十八日間が土気の季節になります（54頁）。

性質

木・火・土・金・水の五行には、それぞれに性質があります。

◉五行の配当

五行	木	火	土	金	水
五色	青	赤	黄	白	黒
五季	春	夏	土用	秋	冬
五方	東	南	中央	西	北
五性	曲直	炎上	稼穡	従革	潤下
五常	仁	礼	信	義	智
五味	酸	苦	甘	辛	鹹
五臓	肝	心	脾	肺	腎
五腑	胆嚢	小腸	胃	大腸	膀胱
五体	筋	脈	肉	皮	骨
五官	目	舌	唇(口)	鼻	耳
五志	怒	喜	思	悲・憂	恐・驚
五気	風	暑	湿	燥	寒
五虫	鱗	羽	倮	毛	介
四聖獣	青龍	朱雀		白虎	玄武
生数	3	2	5	4	1
成数	8	7	10	9	6
十干	甲・乙	丙・丁	戊・己	庚・辛	壬・癸
十二支	寅・卯	巳・午	丑・辰・未・戌	申・酉	亥・子
八卦	震・巽	離	坤・艮	乾・兌	坎
月	2・3・(4)月	5・6・(7)月	4・7・10・1月	8・9・(10)月	11・12・(1)月
五星	木星	火星	土星	金星	水星

木気の性質は、「曲直《きょくちょく》」です。曲直とは、曲がったりまっすぐになったりしながら進む性質です。植物は、様々のものの中を曲がったり、まっすぐに進んだりして成長します。

火気の性質は、「炎上」です。火は上へ上へと高いところに上がっていく性質を持ちます。炎の色は赤色、温度は高温で、様々なものを焼いて次々と燃え移っていきます。

土気の性質は、「稼穡《かしょく》」です。稼穡とは、植物の種播きと収穫のことです。農業の役割のように、土は種を成長させ、実や根や葉などの収穫物に変化させる力を持っているということで、ものを変化させる作用が土気の性質です。

金気の性質は、「従革《じゅうかく》」です。金には、原理原則に従って、自由にその姿を変えられる性格があります。金属は熱することで変形するという性質です。また、型にはめて形を成型することができます。

水気の性質は、「潤下」です。潤下とは、水が潤しながら下へ下へと低いところに向かっていく性質です。

五常

人間が常に行わなければならない道徳が「五常」です。「仁」「義」「礼」「知」「信」の五つの徳のことで、それぞれ五行に配当されます。

仁（＝木）は、優しさ、思いやりを指します。仁の徳は、人間として最も大切な徳とされます。「医は仁術」といわれますが、医療行為、医師、薬なども、仁に関係します。

礼（＝火）は、礼儀、儀礼の礼で、礼儀正しいことです。火は光があるため、様々のものを明瞭に見ることができ、物事をはっきりさせることができます。

信（＝土）は、信頼、信用の信です。土気は中央を表し、腹部も意味します。本当にわかることを「腑に落ちる」などといいますが、腹は本当の心の奥をも指します。腹の底から信頼できること、誠が「信」の徳です。

義（＝金）は、義理や律儀、義務、義侠心などの「義」であり、堅く強い信念のような面を持っています。譲らない強さ、金気の闘争的な強さにも通じます。

知（＝水）は、知性の知を表します。知識、知性などは、冴え渡った冷静さを備えています。

五味《ごみ》

食物も五行に分類されます。これを「五味」といい、全ての食べ物は「酸味」「苦味」「甘味」「辛味」「鹹味《かんみ》」の五つの味に分類されます。五味は、甘い、辛いなど、実際に舌で感じる味だけでなく、体内での働きも含めた概念をいいます。

酸味（＝木）は、酢や梅干し、柑橘類などの酸っぱい味で、筋肉を引き締めたり、水分の排出を抑える収斂《しゅうれん》作用があります。そのため、夏に梅干しやレモン水などを摂ると、汗が出過ぎることを防ぐことができます。酸味は肝臓、胆嚢《たんのう》に働きかけます。

苦味（＝火）は、緑茶、コーヒー、ゴーヤー（苦瓜）などの苦い味で、体内の熱を冷ましたり、炎症を鎮める作用があります。沖縄などの熱い地方では、ゴーヤーチャンプルを食べることで、体の熱を冷ます知恵があります。苦味は、心臓や小腸に働きかけ、機能が低下していたら、その働きを補います。

甘味（＝土）は、米、麦などの穀物、イモ類、トウモロコシ、豆類などの甘い味で、緊張を緩めたり、味を中和する作用があります。甘味は脾臓《ひぞう》や胃に働きかけ、疲れたりしていたら、その働きを補います。

辛味（＝金）は、大根やネギ、香辛料や薬味などの辛い味で、体を温めて、滞ったものを追い出す発散作用があります。風邪のひき始めにネギや生姜、ニンニクなどの入った料理を摂ることで、風邪を追い出すことができます。辛味は、肺や大腸に働きかけます。

鹹味（＝水）は、塩や醤油、味噌、魚、昆布などの海産物といった鹹《しおから》い味で、体を温めたり、硬いものを柔らかくしたり、排泄を促す作用があります。寒い地方では味噌や醤油味の食べ物が好まれます。鹹味は、腎臓や膀胱に働きかけます。

日本にお茶を伝えたといわれる栄西禅師が著した『喫茶養生記』では、五行と五味、五臓の関係などにも触れています。日本人の食生活の上では、酸味、甘味、辛味、鹹味の四味はよく摂れているので、酸味＝肝臓、甘味＝脾臓、辛味＝肺、鹹味＝腎臓は強いといいます。しかし、心臓と関係のある苦味を食することが少ないために、心臓を病む人が多いので、苦味に分類されるお茶を飲むといいと喫茶を勧めています。このように栄西禅師は、お茶の種と共に陰陽五行説も伝えています。

五臓六腑

体の内臓の五臓六腑も五行に配当されます。まず、五臓六腑は、「五臓」と「六腑」に分かれます。「五臓」は心臓や腎臓といった内部の詰まった臓器を表し、陰に分類されます。西洋医学的な臓器だけでなく、その働きを含めて配当されます。

五臓（陰）は、次の通りです。

肝臓（＝木）は、肝臓機能を統括しています。血液の循環を調節し、自律神経の働きも調整します。

心臓（＝火）は、血液を全身に循環させます。睡眠、集中力、思考をコントロールします。

脾臓（＝土）は、臓器の脾臓ではなく、消化吸収の機能そのものをいいます。五行の脾臓は、臓器でいうと膵臓《すいぞう》と脾臓と考えられています。脾は消化吸収した栄養や水を全身に運び、血流や免疫機能を調整する働きもあります。

肺臓（＝金）は、呼吸機能を調整します。全身の気の流れをコントロールし、皮膚の状態を正常に保つ働きもします。

腎臓（＝水）は、水分代謝を調節します。肺の働きを助け、呼吸機能や体液維持にも関与します。成長と生殖機能もコントロールします。

「六腑」は、腑《はらわた》を表し、胃や大腸、小腸のように内部が中空な管腔臓器になっており、陽に分類されます。

六腑（陽）は、次の通りです。

胆嚢（＝木）は、胆汁の蓄積や小腸への分泌で消化を助けます。

小腸（＝火）は、脾や胃で消化された飲食物をさらに消化して、栄養や水分に分ける働きをします。

胃（＝土）は、身体に入ってきた飲食物を消化して、小腸に送ります。

大腸（＝金）は、消化物の余分な水分を吸収し、便をつくって排泄します。

膀胱（＝水）は、余分な水分を吸収し、尿をつくって排泄します。

同じ五行に属する五臓六腑同士である木気の肝臓と胆嚢、火気の心臓と小腸、土気の脾臓と胃、金気の肺臓と大腸、水気の腎臓と膀胱は、同じ機能の陰と陽であり、互いに補完しあう関係です。

六腑には、五腑の他に、三焦という機能もあります。

五体

「五体」という肉、骨、皮、血管、筋などの体の主要な部分も五行に配当されます。

筋や腱（＝木）は運動機能と関連し、肝の機能に関係します。

血管・血脈（＝火）は血液循環と関連し、心臓に関係します。

肉や筋肉（＝土）は栄養と関連し、脾の機能に関係します。

皮膚や毛（＝金）は肺の機能に関係します。

骨や骨髄（＝水）は腎の機能に関係します。

五官

「五官」（感覚器）という人間の顔の上にある目・耳・鼻・唇・舌の五つの感覚器も、五行に配当されます。

目（＝木）は肝臓と対応します。

舌（＝火）は心臓と対応します。

唇や口（＝土）は食べることと関係する脾と対応します。

鼻（＝金）は呼吸器と関係する肺と対応します。

耳（＝水）は腎臓と対応します。

五志

人間の感情も五行に配当され、各臓器と対応します。怒り、喜び、思い、憂い、悲しみ、恐れ、驚きの七つの感情を「七情《しちじょう》」といい、五行に配当されます。

肝（＝木）は怒りを表します。激しい怒りは肝を傷つけます。

心（＝火）は喜びを表します。喜び過ぎると気が緩み、集中力が低下したり不眠になったりします。

脾（＝土）は思いを表します。思い悩み過ぎると脾の働きが弱くなり気は停滞します。食欲不振、腹痛などが起こり、やる気も低下します。

肺（＝金）は悲しみ・憂いを表します。過剰な悲しみと憂いは、呼吸器の働きに影響を与えます。

腎（＝水）は恐れ・驚きを表します。過度の恐れは、腎を傷つけます。また、極度の驚きは気が乱れます。動悸や不眠、精神不安定などの症状が出ます。

五気

「五気」とは、季節による気候のことをいいます。春は風で象徴され、「風」は木に配当されます。夏は暑くなり、「暑」は火に配当されます。梅雨時は、湿気が多くなり、「湿」は土に配当されます。秋は爽やかな季節になり、乾燥してきます。「燥」は金に配当されます。冬は寒くなり、「寒」は水に配当されます。

このような季節の気候によって、人体は外的刺激を受け、そのストレスが病因となることもあります。

春、風による邪気を受けます。主なものでは、花粉症やめまいなどが起きやすいです。

夏、暑さによる邪気を受けます。熱中症はまさに暑邪による症状です。

土用、梅雨時、湿邪を受けます。下痢などの胃腸の不調、むくみ、頭の重い症状などが出ます。

秋、空気が乾燥してきます。燥邪により肌が乾燥したり、咳が出やすくなります。喘息の持病も発症しやすくなります。

冬、寒くなると、血液循環が悪くなり、身体に冷えが起こります。寒邪により風邪をひいたり、様々な病気を起こします。

五行の生《せい》成《せい》数《すう》

数は、奇数が陽（天の数）、偶数が陰（地の数）に分かれます。そして、五行には五気の生成順による数があります。五行では、最初に水が生まれ（1）、次に火が（2）、次に木が（3）、次に金が（4）、最後に土が生まれた（5）とされます。これを、五行の生成順といい、「水・火・木・金・土」の順で表します。

この1から5の数は、生数《せいすう》といい、万物を生み出す数です。そして、この生数に五行を統べる数である「5」を加えることによって、それぞれの五行の成数《じょうすう》が生まれます。

成数とは万物が完成する・成就する数のことをいい、水は6、火は7、木は8、金は9、土は10です。それぞれの五行は、生数と成数が奇数と偶数、つまり陰と陽の組み合わせになっています。陰陽が合わさることで、それぞれの五行の働きをします。
水の組み合わせは、生数の1（陽）、成数の6（陰）
火の組み合わせは、生数の2（陰）、成数の7（陽）
木の組み合わせは、生数の3（陽）、成数の8（陰）
金の組み合わせは、生数の4（陰）、成数の9（陽）
土の組み合わせは、生数の5（陽）、成数の10（陰）

五虫

五虫の「虫」とは、昆虫などの虫のことではなく、生物全般をいいます。生物の体の形態により、五行が分かれます。

鱗（＝木）は、鱗を持った生き物、爬虫類や魚類などを表します。

羽（＝火）は、羽を持った生き物、鳥類などを表します。

倮（＝土）は、裸の生き物を表します。

毛（＝金）は、毛皮をまとった生き物、動物などを表します。

介（＝水）は、貝などの硬い殻を持った甲殻類や貝類などを表します。

人間は、鱗も、羽も、動物のようなたくさんの皮《ひ》毛《もう》も持っていませんし、硬い殻も持っていませんので、裸の「倮族」に属します。

この五行の分類は、そのまま、方位を守る「四聖獣」、「四神」の姿を表しています。

木＝東＝青＝鱗＝青龍
火＝南＝赤＝羽＝朱雀
金＝西＝白＝毛＝白虎
水＝北＝黒＝介＝玄武

4 一年と四季

一年とは、地球が太陽の周りを一公転する時間の365・24日をいいますが、稲の生長サイクルを指す言葉でもあります。「稲《いね》」と「年《ねん》」の音は似ていますね。

地球が太陽の周りを公転する間に、太陽の光の当たり方が変化することによって、季節が生まれます。さらに地球は地軸を23・4度傾けながら太陽の周りを回るので、季節により、太陽の光を受ける時間、角度が変化します。すると、昼と夜の長さ、温度や湿度が変化し、自然界の様子も大きく移り変わります。太陽から注がれるエネルギーの変化によって、地球に春夏秋冬が生まれます。そのように四季が順当に巡ることによって、一年の循環が生まれます。

南半球か北半球かによって、また、緯度によって、季節の巡り方が変わっていきます。陰陽五行思想が広まっている中国や日本の属する北半球の中緯度のあたりでは、四季の自然の変化に富んだ暮らしが営まれていきました。

日本人は、昔から自然界の変化を読み取ってきたため、花鳥風月を表す言葉を育んできました。私たちの祖先は、移りゆく季節に合わせ、自然界と調和しながら、生きてきました。太陽の巡る周期がその根本にあったのです。

48頁より、四季と陰陽五行の関係を解説します。

◉太陽と春夏秋冬の関係

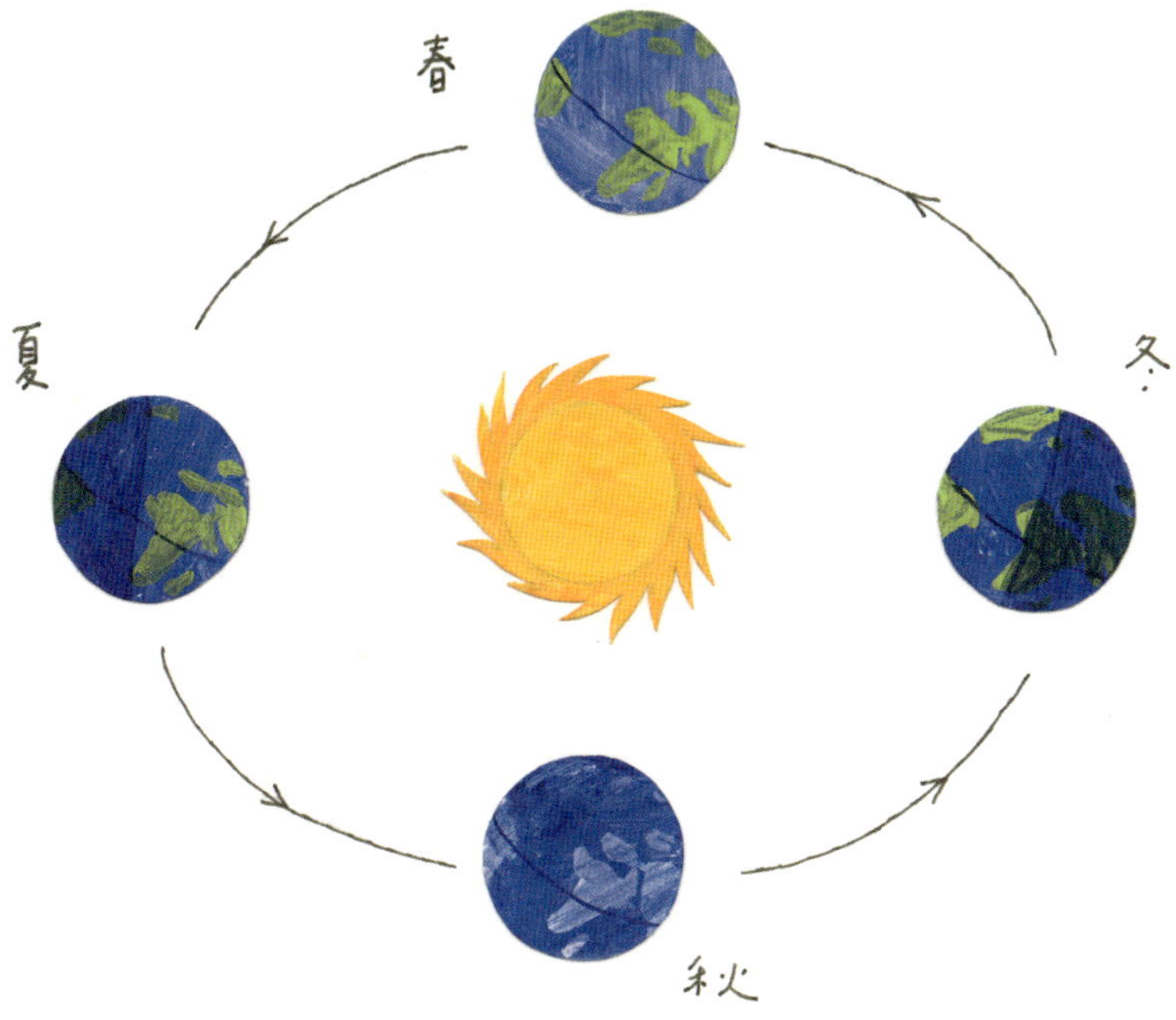

❺ 四季と五行

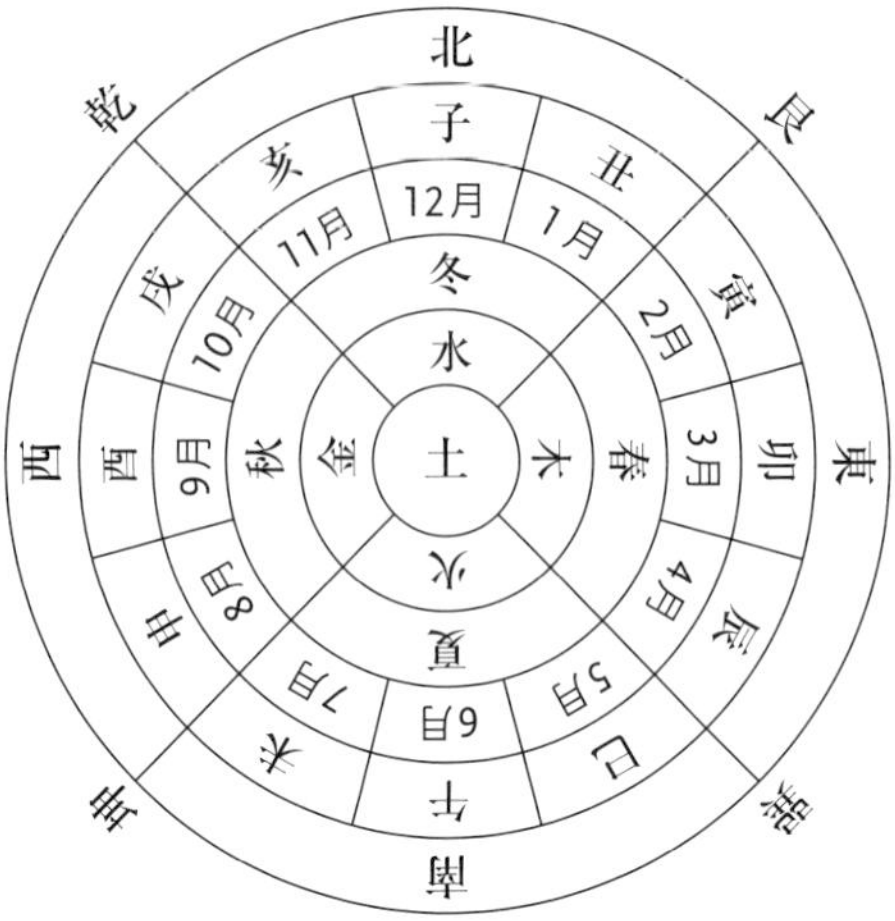

一年は四季に分かれますが、一年は五つの気（五行）にも配当されます。

春は、二月、三月、四月（旧暦の一、二、三月）の三ヶ月、十二支では寅、卯、辰であり、五行では「木」となります。この三支を「木気方局」とします。

夏は、五月、六月、七月（旧暦の四、五、六月）の三ヶ月、十二支は巳、午、未であり、五行では「火」となります。この三支を「火気方局」とします。

秋は八月、九月、十月（旧暦の七、八、九月）の三ヶ月、十二支は申、酉、戌であり、五行では「金」となります。この三支を「金気方局」とします。

冬は、十一月、十二月、一月（旧暦の十、十一、十二月）の三ヶ月、十二支は亥、子、丑であり、五行では「水」となります。この三支を「水気方局」とします。

それぞれの季節の最後の月である丑、辰、未、戌の四支は、五行では「土」も表し、土用になります（54頁）。

◉四季と五行の関係

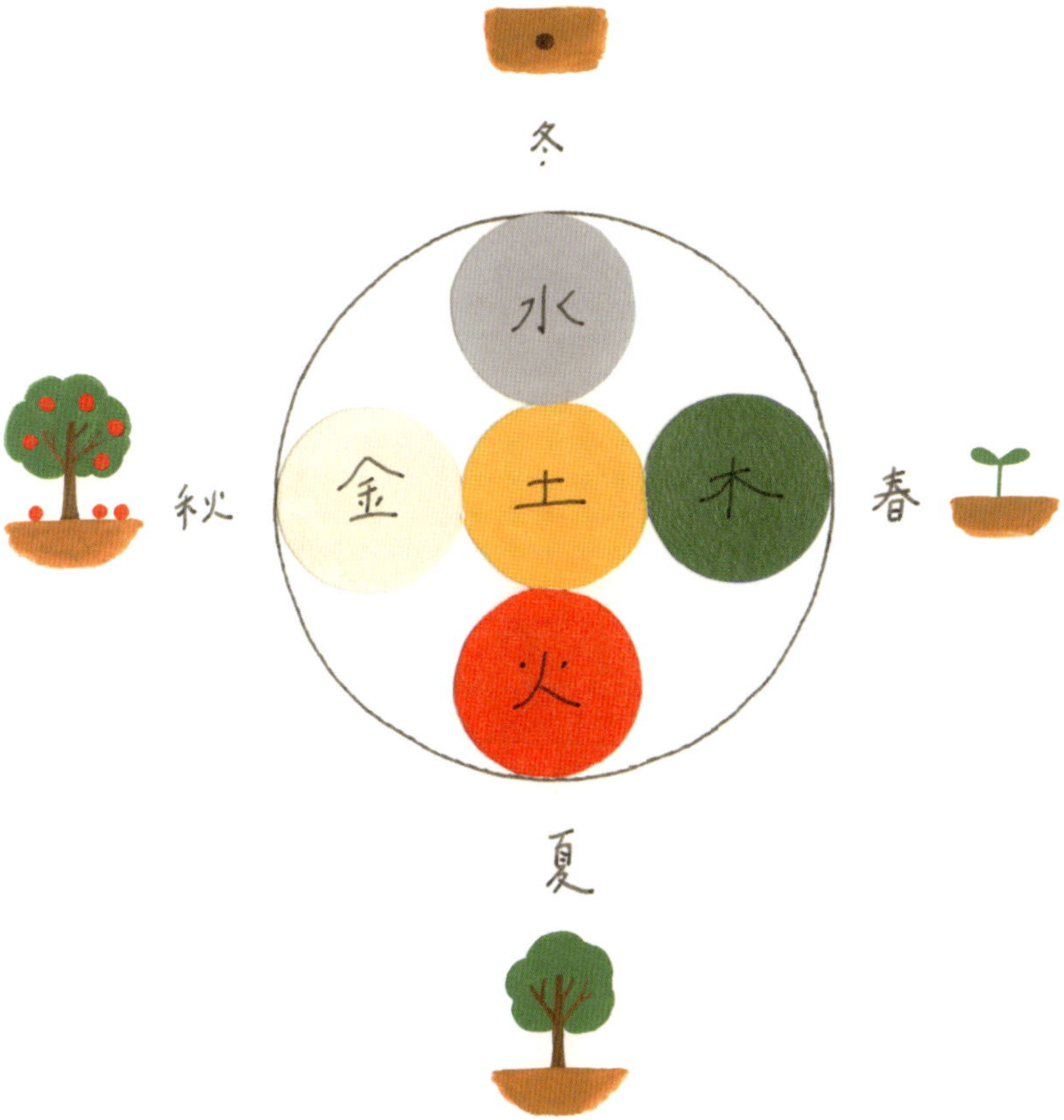

❻ 二至二分《にしにぶん》ってなに？

地球は地軸（自転軸）を23・4度傾けながら太陽の周りを回っています。そのため、太陽の周りを一周する間に北半球が太陽の方を向いている時期と、南半球が太陽の方を向いている時期とが半周ずつ交互にやってきます。

北半球が太陽のほうを向いている時期は、北半球では昼が長く、夜が短くなります。そのため中国や日本では陽の季節とされ、日本ではこの時期を夏と呼び、北半球において昼が最も長くなる時を「夏至《げし》」といいます。

また、南半球が太陽のほうを向いている時間は、北半球では夜が長く昼が短くなります。そのため中国や日本では陰の季節とされ、日本ではこの時期を冬と呼び、北半球において夜が最も長くなる時を「冬至《とうじ》」といいます。

冬至から夏至に向かう中間点にあるのが「春分」で、夏至から冬至に向かう中間点にあるのが「秋分」です。春分と秋分においては、太陽は真東から昇り、真西に沈み、昼の長さと夜の長さが約12時間ずつと等しくなります。それを過ぎると、昼夜の長さが逆転していきます。

夏至と冬至を合わせて「二至」、春分と秋分を合わせて「二分」といい、この四点を合わせて「二至二分」といいます。これらは、地球が太陽の周りを公転する一周を二十四分割した「二十四節気《にじゅうしせっき》」の基本軸となる四つの節目に当たります。

◎一年

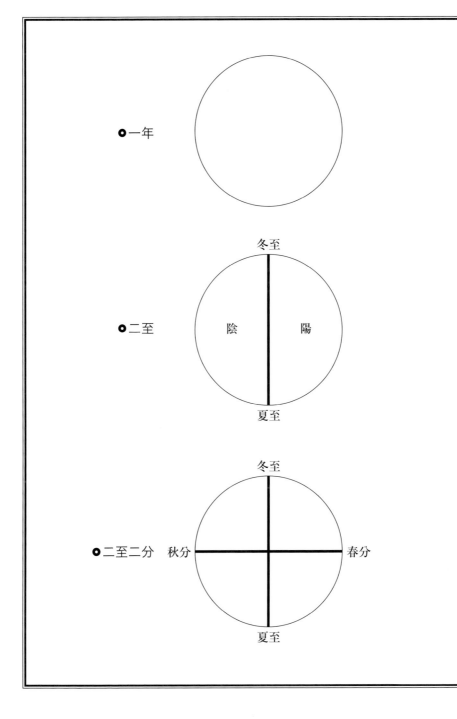

◎二至

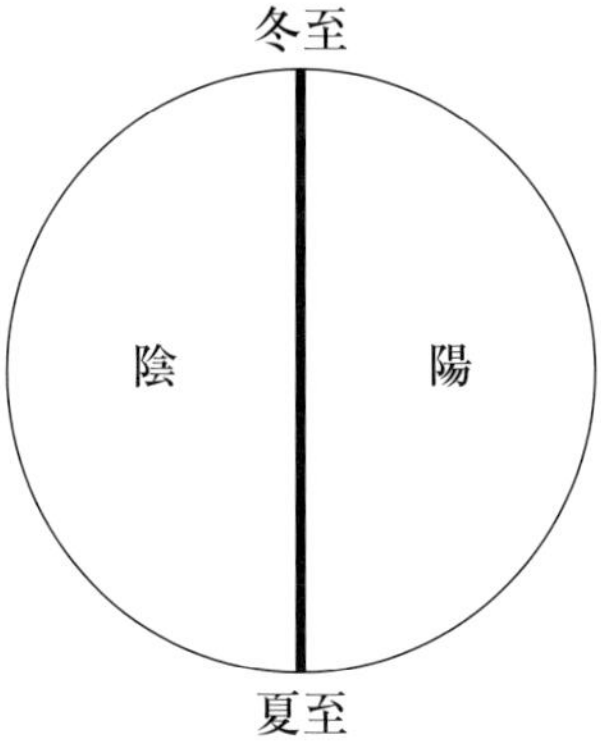

◎二至二分

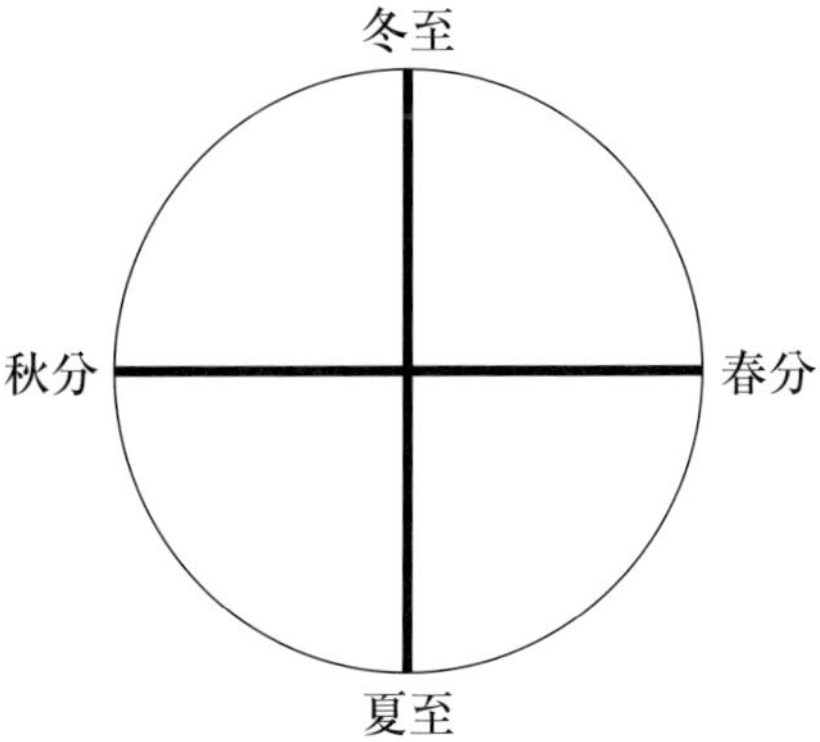

7 四《し》立《りつ》と八《はっ》節《せつ》ってなに?

季節の始まりを、立春・立夏・立秋・立冬といいます。例えば、春が立つとは、春が始まることを意味します。それぞれの季節に「立つ」という言葉がつくことで、それぞれの季節の始まりを表します。立春・立夏・立秋・立冬の四つを合わせて、「四立《しりつ》(またはしりゅう」とも)」です。

余談ですが、毎月の始まりを「一日《ついたち》」といいますね。これも、新しい月が立つことを意味する「月立《つきた》ち」から「ついたち」と読み変わり、新しい一ヶ月の始まりを指します。「二至二分」(50頁)と「四立」とを合わせて「八節」といいます。二十四節気の中の八節は、一年を構成する重要な基本軸、基盤になります。

春は、立春から立夏の前までのこと。春分は春を半分に分けるところに当たります。
秋は、立秋から立冬の前までのこと。秋分は秋を半分に分けるところに当たります。
夏は、立夏から立秋の前までのこと。夏至は夏の季節の中間点に当たります。
冬は、立冬から立春の前までのこと。冬至は冬の季節の中間点に当たります。

◎八節

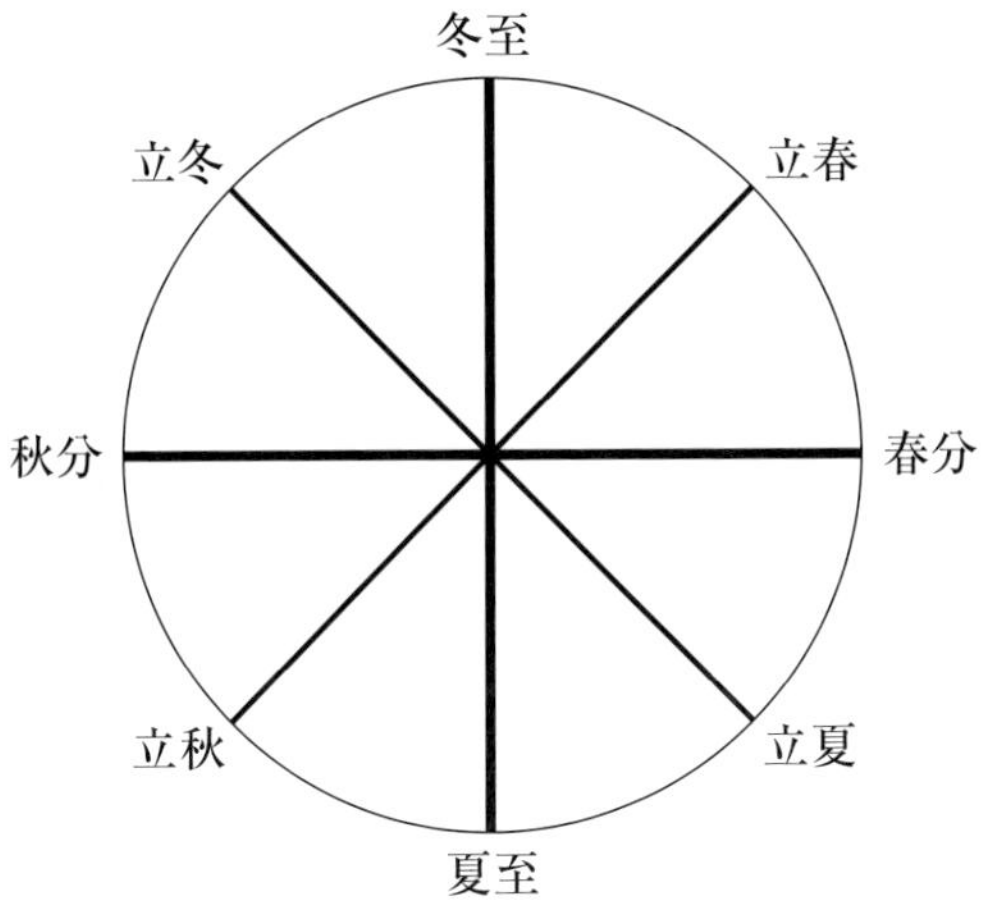
冬至
立春
春分
立夏
夏至
立秋
秋分
立冬

◎二十四節気

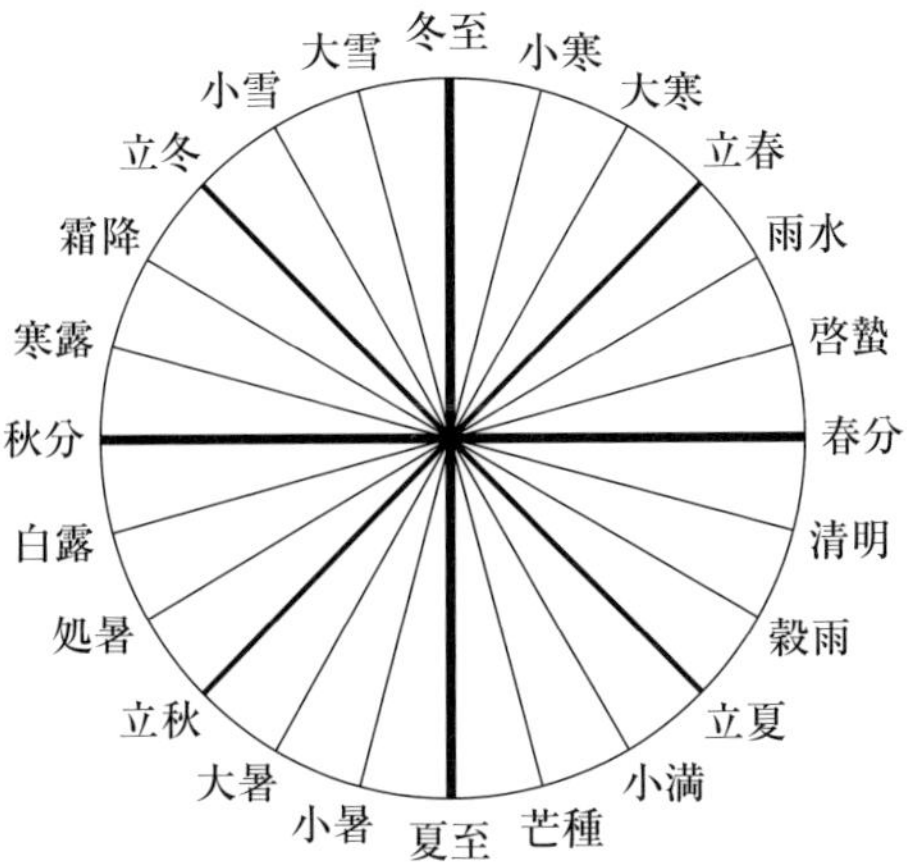
冬至
小寒
大寒
立春
雨水
啓蟄
春分
清明
穀雨
立夏
小満
芒種
夏至
小暑
大暑
立秋
処暑
白露
秋分
寒露
霜降
立冬
小雪
大雪

❽ 土用《どよう》ってなに?

土用というと、七月の土用の丑の日にうなぎを食べる慣習を思い浮かべることが多いと思います。実は本来、春、夏、秋、冬のそれぞれの季節に土用があります。過ぎていく季節と次に訪れる新しい季節の性格を、緩やかに交代させる働きをしています。季節はいきなり冬から春へ、春から夏へと変わるものではありません。冬から春を例にとると、冬の寒さから三寒四温を繰り返し、一雨ごとに温かくなっていくというように、徐々に気温の上がり下がりを繰り返しながら、次の季節へ移行していきます。このような次の季節への準備期間、移行期間を土用といいます。

一年には、四季がありますので、土用は一年に四回あります。暦の上で季節が始まる日を、その季節が立つと表現し、それぞれ立春、立夏、立秋、立冬といい、四つを合わせて四立(52頁)といいますが、その季節の始まる前、十八~十九日間が土用です。つまり、季節と季節の間のことです。土用とは、「土旺用事《どおうようじ》」という言葉が縮まった言葉で、字のごとく、土の作用が強くなる季節です。土の働きは「稼穡《かしょく》」といい、蒔いた種が実って収穫できるように、ものを育み変化させます。まさに、土用には季節を変化させる作用があります。

一年は三百六十五日ですが、三百六十五日を四季に分けると、一つの季節がおよそ九十一日。そのうち、次の季節への移行期間である土用は、一つの季節ごとで十八~

十九日になるため、春・夏・秋・冬の純粋な季節はおよそ七十二日になります。

春七十二日、夏七十二日、秋七十二日、冬七十二日に対して、土用は十八日×四回で七十二日になり、ここでも五季、五行が七十二日ずつとなって、きれいに揃います。

この土用は季節の移行期間ですから、夏の土用にうなぎを食べて養生する必要があるように、身体も季節の変化と共に変調をきたします。この時期、うなぎの他にも、土用しじみ、土用餅で体を滋養したり、土用灸や土用鍼など、昔から伝わる土用の養生法があります。土用の時期には、体調管理にくれぐれも注意をしましょう。

また、昔の人は土用の時期に、土を動かすこと、家を建て始めること（土に鍬《くわ》を入れること）等を忌みました。この時期には、迷信でなく実際に風が変化したり、いろいろな変動があることを経験上知っていたようです。

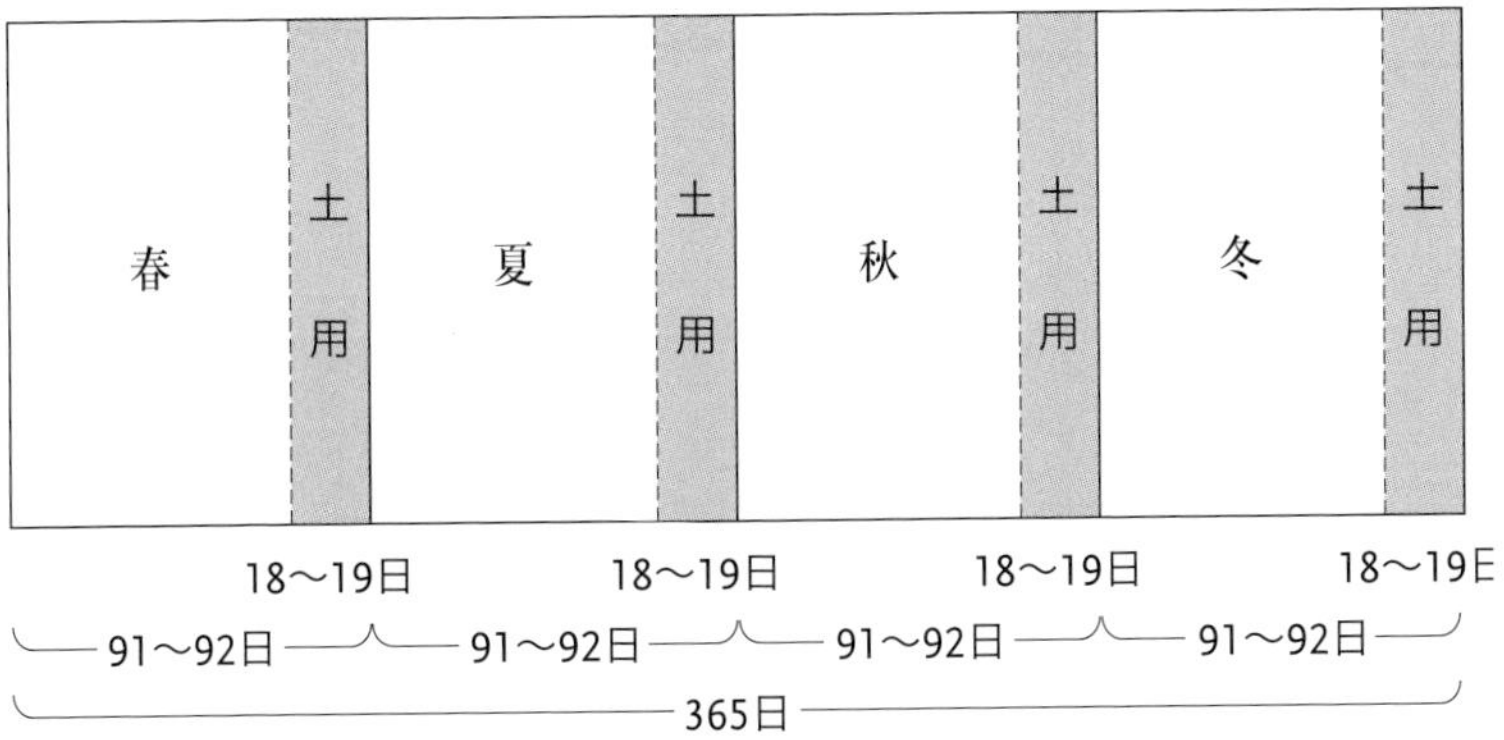

9 三合《さんごう》ってなに？

一つの季節の中にも、勢いのリズムがあります。最初の月は、季節が始まるスタートダッシュの時で勢いがよく、「孟《もう》」といいます。真ん中の月は、季節が最も旺盛となり、「仲《ちゅう》」といいます（秋の旧暦八月「仲秋の名月」が当てはまります）。また、季節が進むと季節の勢いも衰えていきますが、この季節の終わり、最後の月を「季《き》」といいます。

例えば、春（木気）の季節でいえば、季節の始まりの寅は孟春、真ん中の卯は仲春、最後の辰は季春です。

また、このようなサイクルを、生まれて、盛んになって、死んでいくという意味で、「生」「旺」「墓」とも表します。

これは、春、木気が盛んになる季節の中の三つのリズムですが、春という三ヶ月限定ではなく、一年全体の構成として見ますと、春夏秋冬の中では、春が木気の勢いが最も盛んになる時期です。一年全体でみると春の三ヶ月は「木気の大きな仲」の時期になります。

春の前の季節である冬は春の前の準備期間であり、「大きな孟」になります。同じように、春の次の季節である夏は、春の後の終了していく期間となり、「大きな季」になります。

木気にとって大きな孟である冬は、亥子丑の三支で成り立っていますが、この中での孟は亥です。つまり、亥は木気にとって一年全体の「大きな孟の中の孟」になります。同じように木気にとって大きな季である夏は、巳午未の三支で成り立っていて、この中での季は未です。つまり、未は木気にとって一年全体の「大きな季の中の季」になります。

また、木気にとっての一年全体の大きな仲である春の中の仲は卯であり、卯は木気が最も旺盛となる時で、木気の中心をなすところです。

このように、はっきりとした春（木気）の季節は寅卯辰の三ヶ月間ですが、春の気配や兆しは、寅月よりもっと前の亥月から生まれていて、それが表面化するのが、寅月からの三ヶ月ということです。また、季節が終わっていくのも、辰月が終わったから春（木気）が終わったわけではなく、最終的には未月に終息していきます。

このようにしてできあがった生旺墓の組み合わせを「三合（会局）」といい、この三支が揃うことで、その五行の気がとても強くなります。三合は「木気の三合」、「火気の三合」、「金気の三合」、「水気の三合」の四種類があります。

一年全体の意味での木気の孟	亥	生
一年全体の意味での木気の仲	卯	旺
一年全体の意味での木気の季	未	墓

木気の大きな孟・仲・季(生・旺・墓)

●木の三合

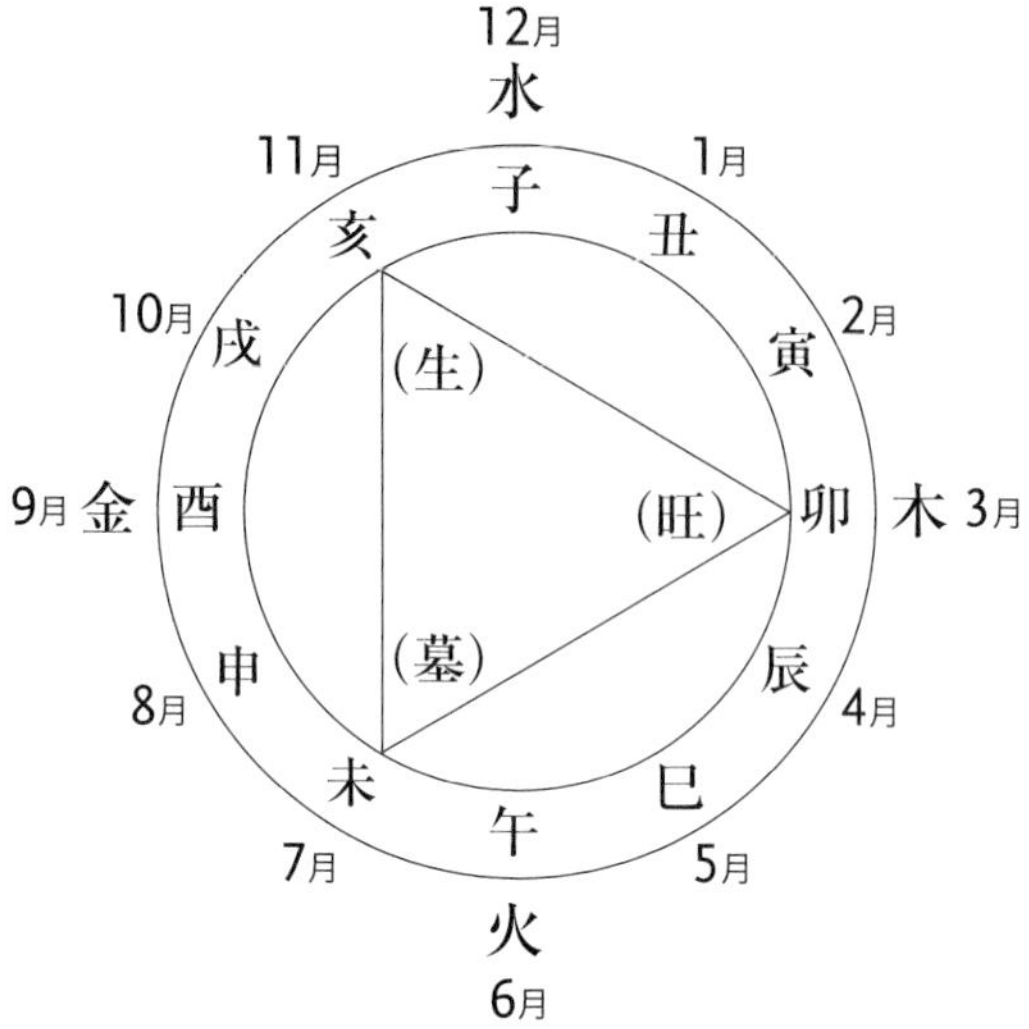
12月
水
11月
1月
子
亥
丑
10月
2月
戌
寅
(生)
9月 金
酉
(旺)
卯
木 3月
(墓)
申
辰
8月
4月
未
巳
午
7月
5月
火
6月

●火の三合

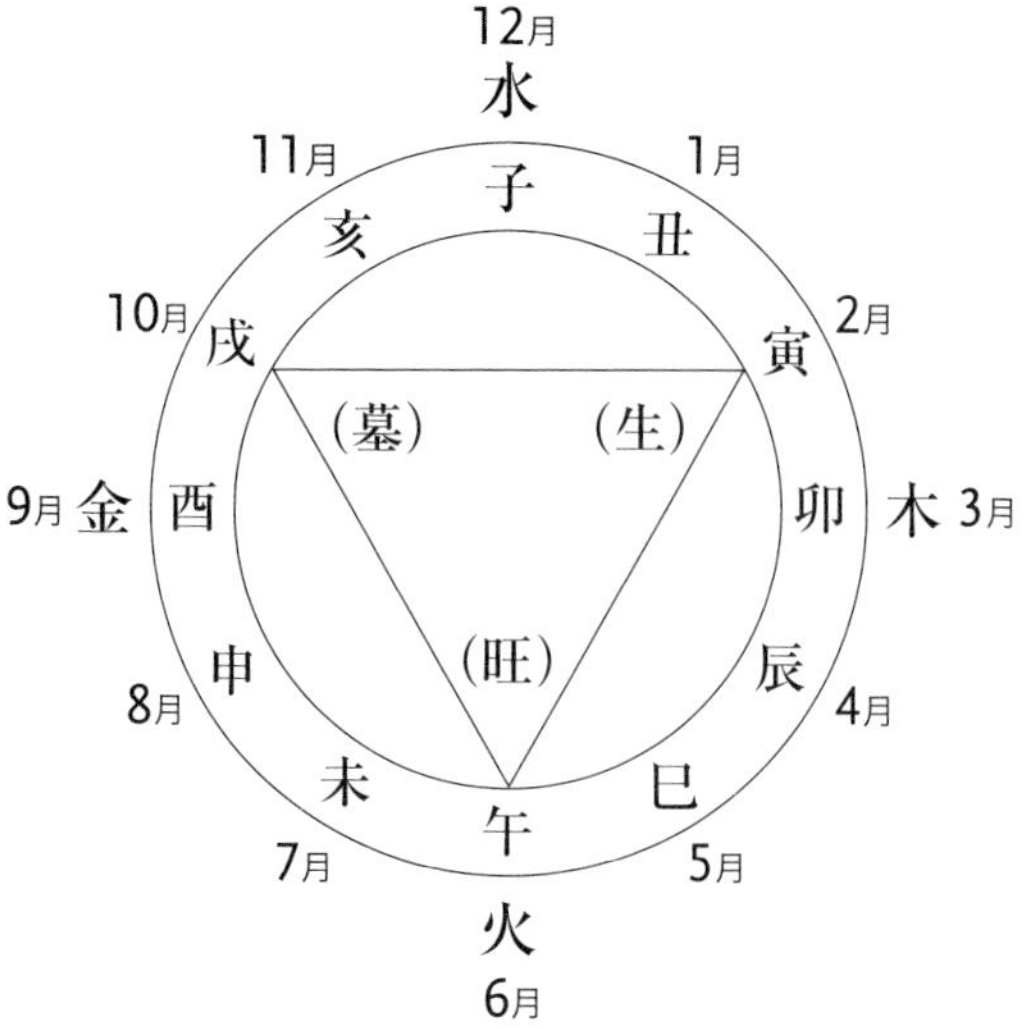
12月
水
11月
1月
子
亥
丑
10月
2月
戌
寅
(墓)
(生)
9月 金
酉
卯
木 3月
(旺)
申
辰
8月
4月
未
巳
午
7月
5月
火
6月

◎金の三合

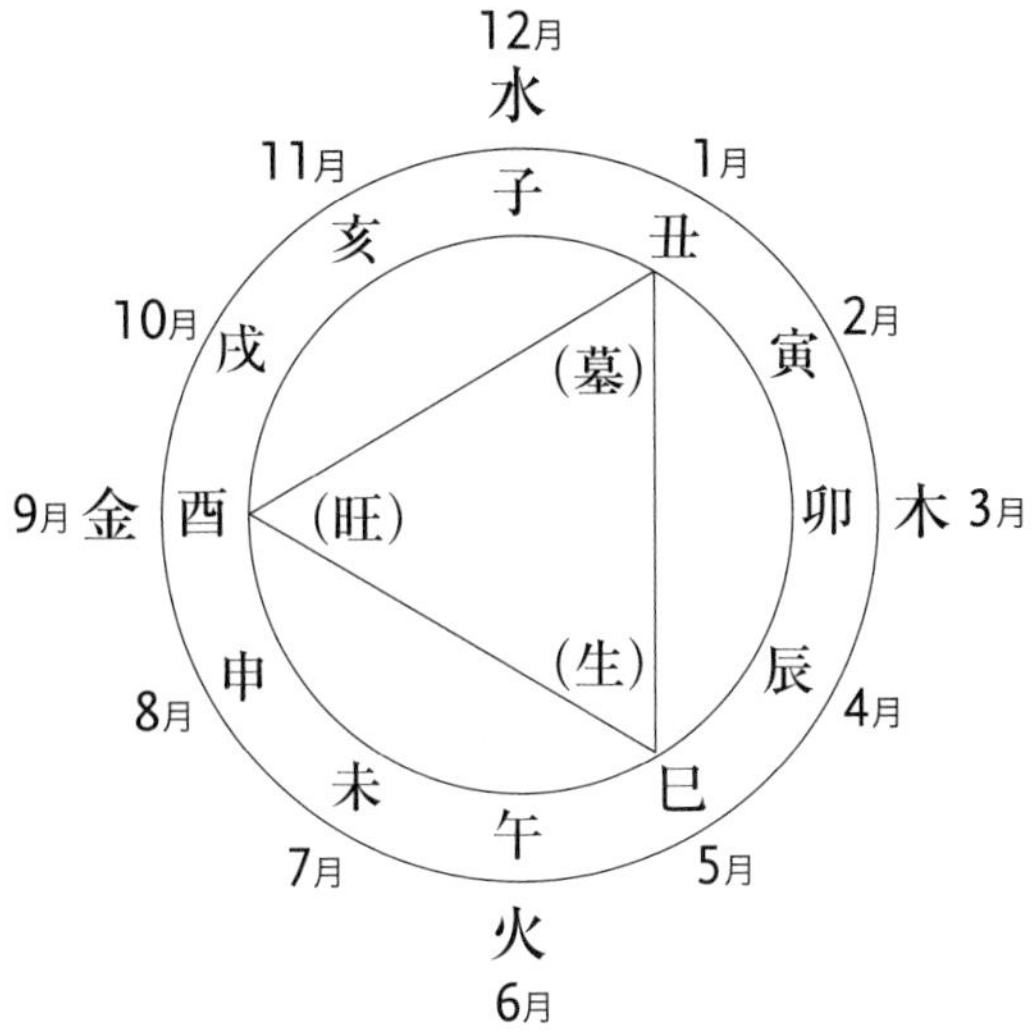
12月
水
11月
子
1月
亥
丑
10月
戌
(墓)
寅
2月
9月 金
酉
(旺)
卯
木 3月
申
(生)
辰
8月
4月
未
午
巳
7月
5月
火
6月

◎水の三合

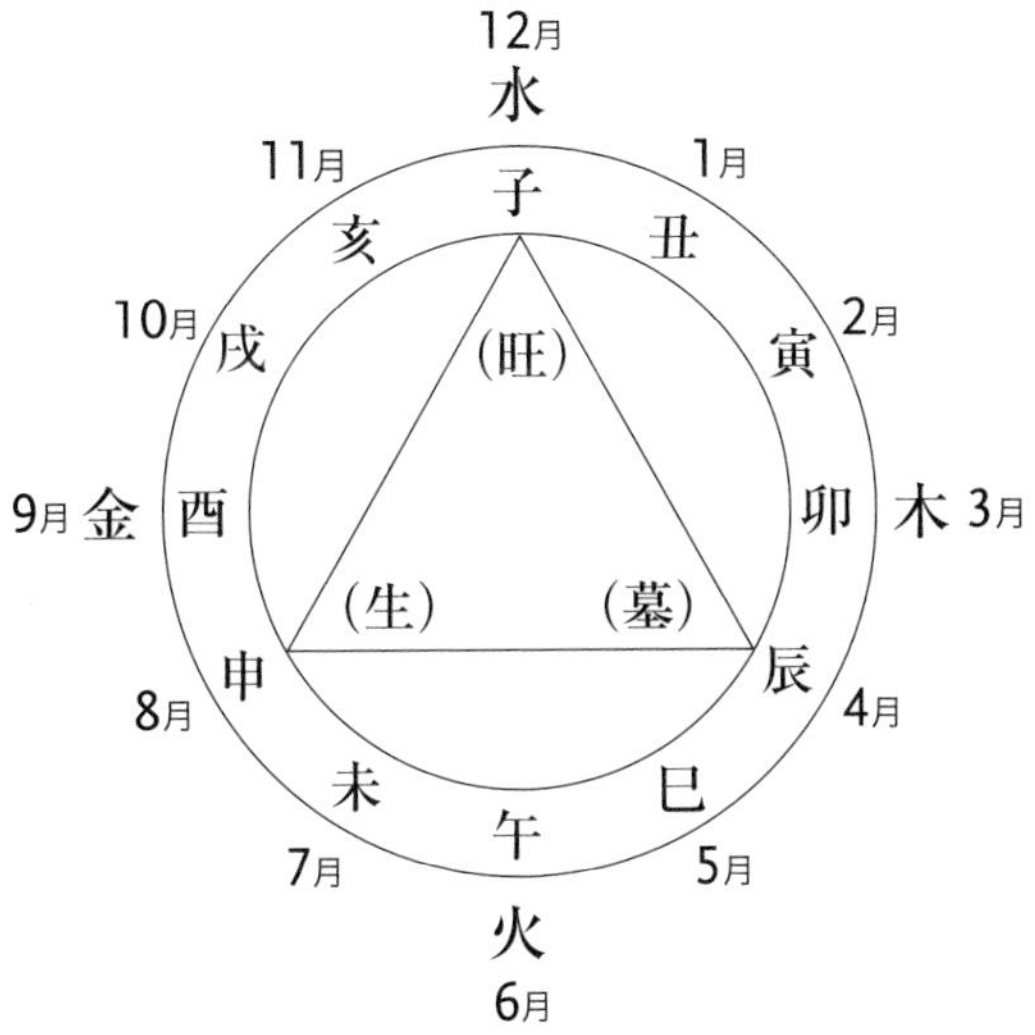
12月
水
11月
子
1月
亥
丑
10月
戌
(旺)
寅
2月
9月 金
酉
卯
木 3月
(生)
(墓)
申
辰
8月
4月
未
午
巳
7月
5月
火
6月

10 十干十二支《じゅっかんじゅうにし》ってなに?

十干

古代中国では、日を数えるのに指を折って数えていました。古代には、太陽が十個あったという「十日神話」があります。人間の手の指は両手で十本あり、十干は太陽や日を数えるのに使用された名称でもありました。

「十日神話」とは堯《ぎょう》の時代の羿《げい》という神様の話です。

天帝である帝夋には義和という妻がおり、妻との間に太陽となる十人の息子（太陽）がありました。この十人の太陽は交代で一日に一人ずつ地上を照らす役目を負っていましたが、堯の時代に、十個の太陽が一挙に現れるようになりました。地上は灼熱地獄のような在り様となり、作物も全て枯れてしまいました。天帝はそれを解決するため天から神の一人である羿をつかわしました。羿は初めは太陽たちを威嚇し、元のように交代で出てくるようにしようとしましたが効果がなかったため、仕方なく一つを残して九つの太陽を射落としました。これにより地上は再び元の平穏を取り戻したとされます。

このように、十干は古代の太陽を数えることと対応していたため、日に関わりが強いとされています。

十干の干は幹の意味で、樹木の本体を意味します。十干の甲《きのえ》から癸《みずのと》まで、植物の発生、成熟、衰退の生長サイクルを意味しています。また、十干は次のようなものを表します。

◎十干表

水		金		土		火		木	
癸《みずのと》	壬《みずのえ》	辛《かのと》	庚《かのえ》	己《つちのと》	戊《つちのえ》	丁《ひのと》	丙《ひのえ》	乙《きのと》	甲《きのえ》
水の陰(妹)	水の陽(兄)	金の陰(妹)	金の陽(兄)	土の陰(妹)	土の陽(兄)	火の陰(妹)	火の陽(兄)	木の陰(妹《と》)	木の陽(兄《え》)
雨、霧	海	貴金属	鉄鋼石	大地、田園	山	灯	太陽	草花	樹木

陽は男性や年上を表すため、「兄(え)」で象徴します。

陰は女性や年下を表すため、「妹(と)」で象徴します。

十干を訓読みする時の「〜え」「〜と」とは、この「兄」(陽)と「妹」(陰)を意味します。


「甲」 草木の種子がまだ厚皮を被っている状態を表します。

「乙」 草木の幼芽がまだ伸長しきらず、屈曲の状態を表します。

「丙」 草木が伸長して、その形体が明らかになった状態を表します。

「丁」 草木の形態が充実した状態を表します。

「戊」 草木が繁茂して盛大になった状態を表します。

「己」 草木が繁茂して最大となり、筋道の整った状態を表します。

「庚」 草木が成熟しきって、新しいものに改まろうとする状態を表します。

「辛」 草木が縮んで改まり、新たに次の種子ができる状態を表します。

「壬」 実の内部に新しい種子(陽の気)が妊(はら)まれる状態を表します。

「癸」 種子の内部に妊まれた新たな生命力(陽の気)が、新しい生長を推し量っている状態を表します。

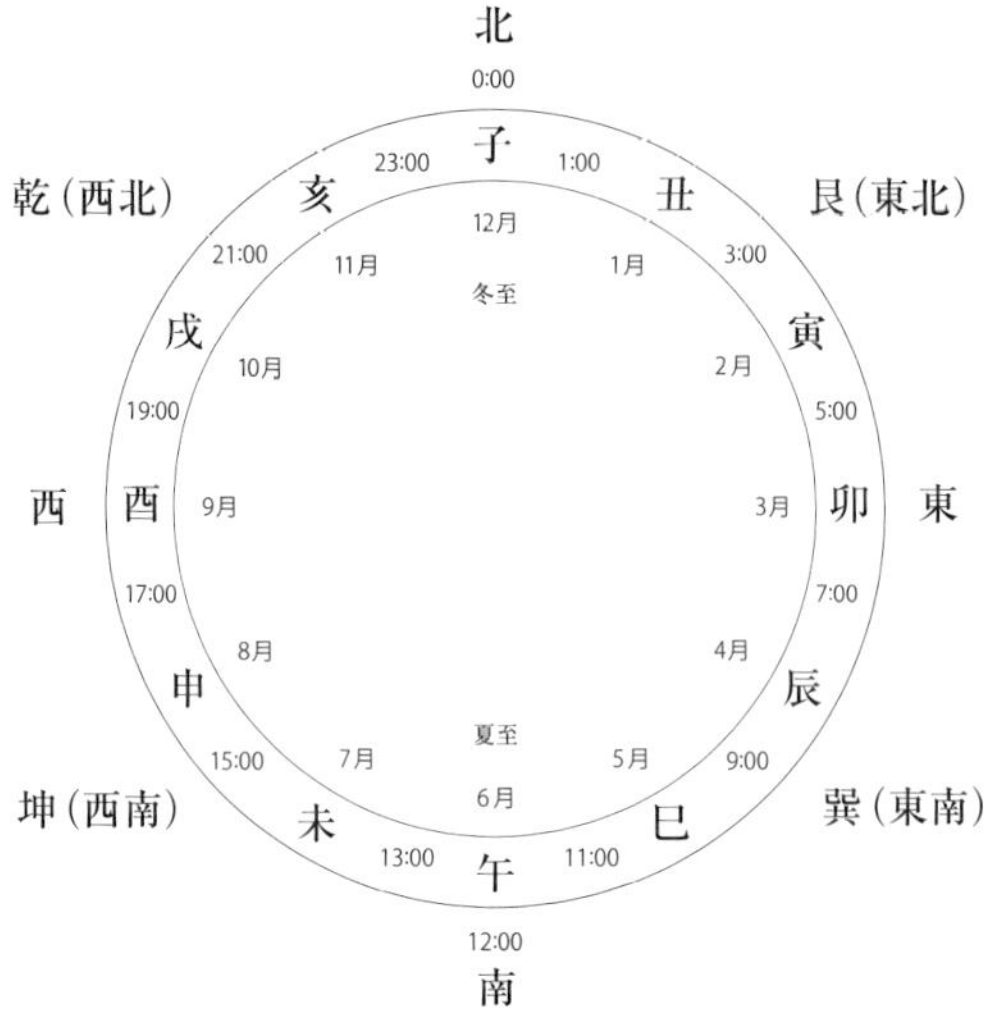

十二支

十二支は、時間と方位（角）を表します。

時間については、年・月・日・時（刻）を、特に月と一日の中での時（刻）を表します。

一日の時間では、太陽が南中する時刻を午の刻といいます。午の刻は、午前十一時から午後一時を指しますが、正午刻の十二時が「正午」の時刻となります。正午刻より一分でも前は午前になり、一分でも後は午後になります。私たちが毎日使う午前・午後とは、そのような意味があるのです。

方位（角）については、全方位を十二支で十二分割して表します。一つの支は三十度を表します。

東西南北を「四正《しせい》」といいます。その間の東南、西南、東北、西北を「四隅《しぐう》」といいます。この「四正」と「四隅」を合わせて、「八方位」といいます。東北には丑・寅＝艮《うしとら》の方位、東南には辰・巳＝巽《たつみ》の方位、西南には未・申＝坤《ひつじさる》の方位、西北には戌・亥＝乾《いぬい》の方位が配されています。

◉十二支総合表

十二支	読み方	五行	陰陽	方位	季節	新暦月	旧暦月	時刻
子	ね・シ	水	陽	北	仲冬	12月	11月	23時～1時
丑	うし・チュウ	土	陰	北北東	季冬	1月	12月	1時～3時
寅	とら・イン	木	陽	東北東	孟春	2月	1月	3時～5時
卯	う・ボウ	木	陰	東	仲春	3月	2月	5時～7時
辰	たつ・シン	土	陽	東南東	季春	4月	3月	7時～9時
巳	み・シン	火	陰	南南東	孟夏	5月	4月	9時～11時
午	うま・ゴ	火	陽	南	仲夏	6月	5月	11時～13時
未	ひつじ・ビ	土	陰	南南西	季夏	7月	6月	13時～15時
申	さる・シン	金	陽	西南西	孟秋	8月	7月	15時～17時
酉	とり・ボウ	金	陰	西	仲秋	9月	8月	17時～19時
戌	いぬ・ジュツ	土	陽	西北西	季秋	10月	9月	19時～21時
亥	い・ガイ	水	陰	北北西	孟冬	11月	10月	21時～23時

本来、十二支は十干と同じように、植物の発生、成熟、衰退の生長サイクルを表します。

「子」＝孳《ふえ》る　新しい生命が種子の内部から萌し始める状態を表します。
「丑」＝からむ　芽が種子の内部でまだ伸び切らない状態を表します。
「寅」＝うごく　草木の発生する状態を表します。
「卯」＝茂る　草木が地面を覆う状態を表します。
「辰」＝振るう　陽気が動き、雷が光り、振動し、草木が伸長する状態を表します。
「巳」＝巳《や》む　万物が繁盛の極みになった状態を表します。
「午」＝忤《さか》らう　万物に初めて衰微の傾向が起こり始めた状態を表します。
「未」＝味わう　万物成熟して滋味を生じた様子を表します。
「申」＝呻《うめ》く　万物が成熟して締め付けられ、固まっていく状態を表します。
「酉」＝ちぢむ　万物が成熟に達し、縮んでいく状態を表します。
「戌」＝滅ぶ　または切ることで、万物が滅びゆく状態を表します。
「亥」＝とじる　万物の生命力が凋落し、種子に生命が内蔵された状態を表します。

◉十二支の生長サイクル

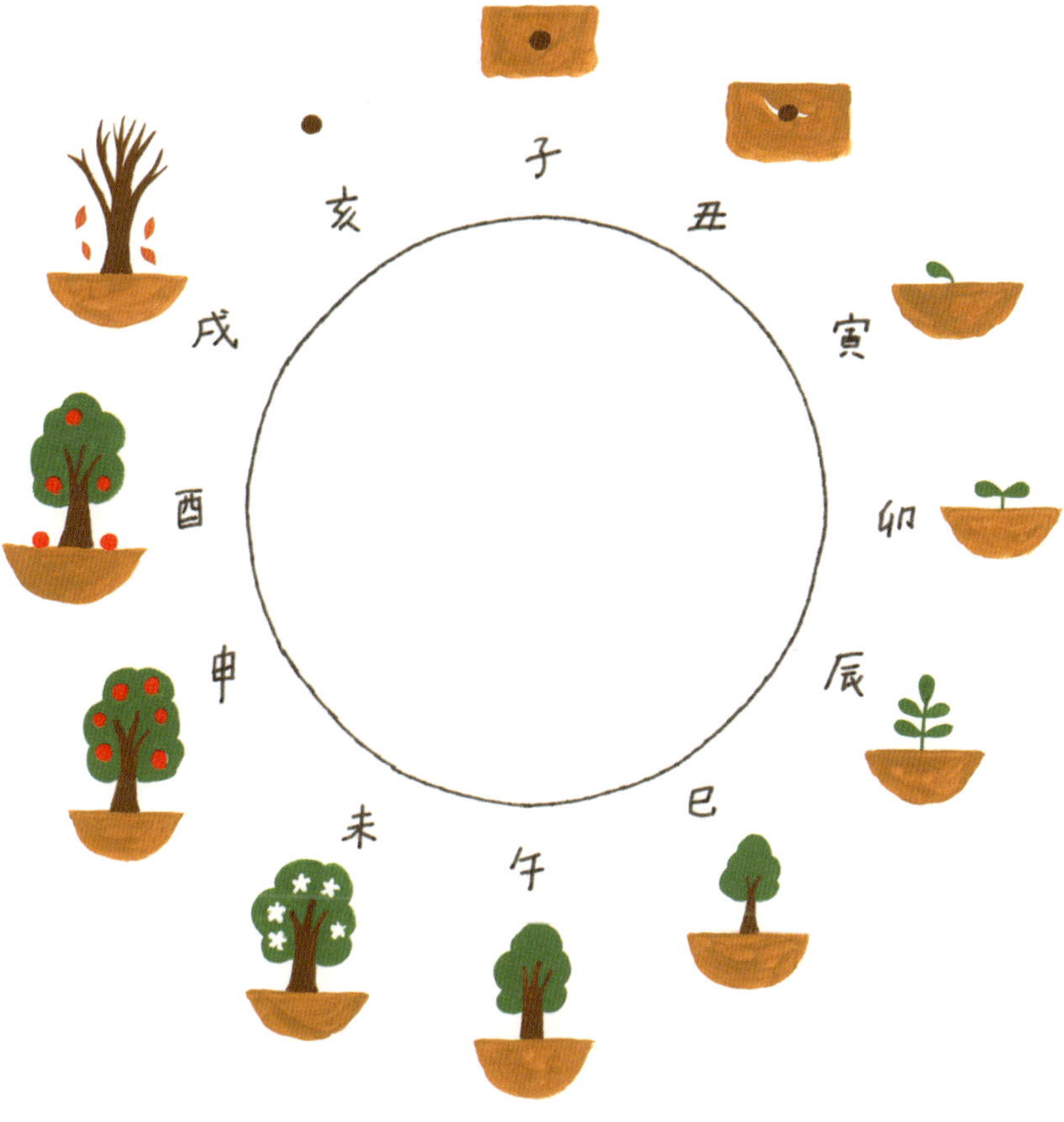

干支《えと》

「今年の干支《えと》は何年?」と尋ねると、大抵は戌年とか、卯年とか、十二支だけの答えが返ってきます。

干支とは、なんでしょう。

干支とは、字のごとく、「干支《かんし》」のことです。つまり、「十干十二支」のことをいいます。十干の「干」と十二支の「支」が組み合わさってできたもので、全部で六十の組み合わせがあります。十干と十二支は、陽干には陽支、陰干には陰支の組み合わせしかできません。

十干は天干《てんかん》ともいいます。五行が陽と陰に分かれて十種類の干があります(60頁)。甲・乙・丙・丁・戊・己・庚・辛・壬・癸の順番で、陽干・陰干・陽干・陰干と交互に陽と陰を繰り返します。

十二支は地支《ちし》ともいいます。十二支の順番は、子、丑、寅、卯、辰、巳、午、未、申、酉、戌、亥です。子は陽支、丑は陰支で、その後は陽・陰・陽・陰と交互に繰り返します。

十干(天干)と十二支(地支)が組み合わさることで、干支ができます。

平成三十年は、戊戌年で、十干の戊《つちのえ》も土(陽)、十二支の戌も土(陽)を表しています。

◎六十干支

1 甲子	2 乙丑	3 丙寅	4 丁卯	5 戊辰	6 己巳	7 庚午	8 辛未	9 壬申	10 癸酉
11 甲戌	12 乙亥	13 丙子	14 丁丑	15 戊寅	16 己卯	17 庚辰	18 辛巳	19 壬午	20 癸未
21 甲申	22 乙酉	23 丙戌	24 丁亥	25 戊子	26 己丑	27 庚寅	28 辛卯	29 壬辰	30 癸巳
31 甲午	32 乙未	33 丙申	34 丁酉	35 戊戌	36 己亥	37 庚子	38 辛丑	39 壬寅	40 癸卯
41 甲辰	42 乙巳	43 丙午	44 丁未	45 戊申	46 己酉	47 庚戌	48 辛亥	49 壬子	50 癸丑
51 甲寅	52 乙卯	53 丙辰	54 丁巳	55 戊午	56 己未	57 庚申	58 辛酉	59 壬戌	60 癸亥

十干と十二支には陰陽があり、陽干と陽支、陰干と陰支が結びつきます。
陽干と陰支、陰干と陽支は結びつきません。

なぜ、六十歳になると「還暦」というの？

六十歳になると「還暦」というお祝いがあり、赤いちゃんちゃんこを着ます。なぜ、赤いちゃんちゃんちゃんこなどの赤いものを贈ってお祝いをするのでしょうか。

還暦とは、生まれてから六十年、数え年で六十一歳のことで、生まれた年の「干支」から十干十二支全ての干支「六十干支」（67頁）を一巡したことになります。生まれた年と同じ「干支」に再び戻ってきたことを祝う長寿の祝いです。つまり、六十干支を一循環したことを意味する還暦の「環」なのです。ここで、赤ちゃんの「赤」という色に焦点が当たり、新たなる人生の再生を赤ちゃんの「赤」という色で象徴しているのです。

また、五行説を使った考え方では、赤は五行では「火」の色です。人間を五行で表すと「倮族」（＝土）ですので、土（人間）を生み出すために、「火生土」で火の色である赤色のちゃんちゃんこを着て、新たなる再生をはかるという考え方もあります。

還暦祝いは「華甲《かこう》の祝い」ともいわれます。「華」の字の中には「十」が六つと「一」が一つあるため、六十一を意味し、甲《きのえ》は十干の始めであり「一」「出発」を意味します。

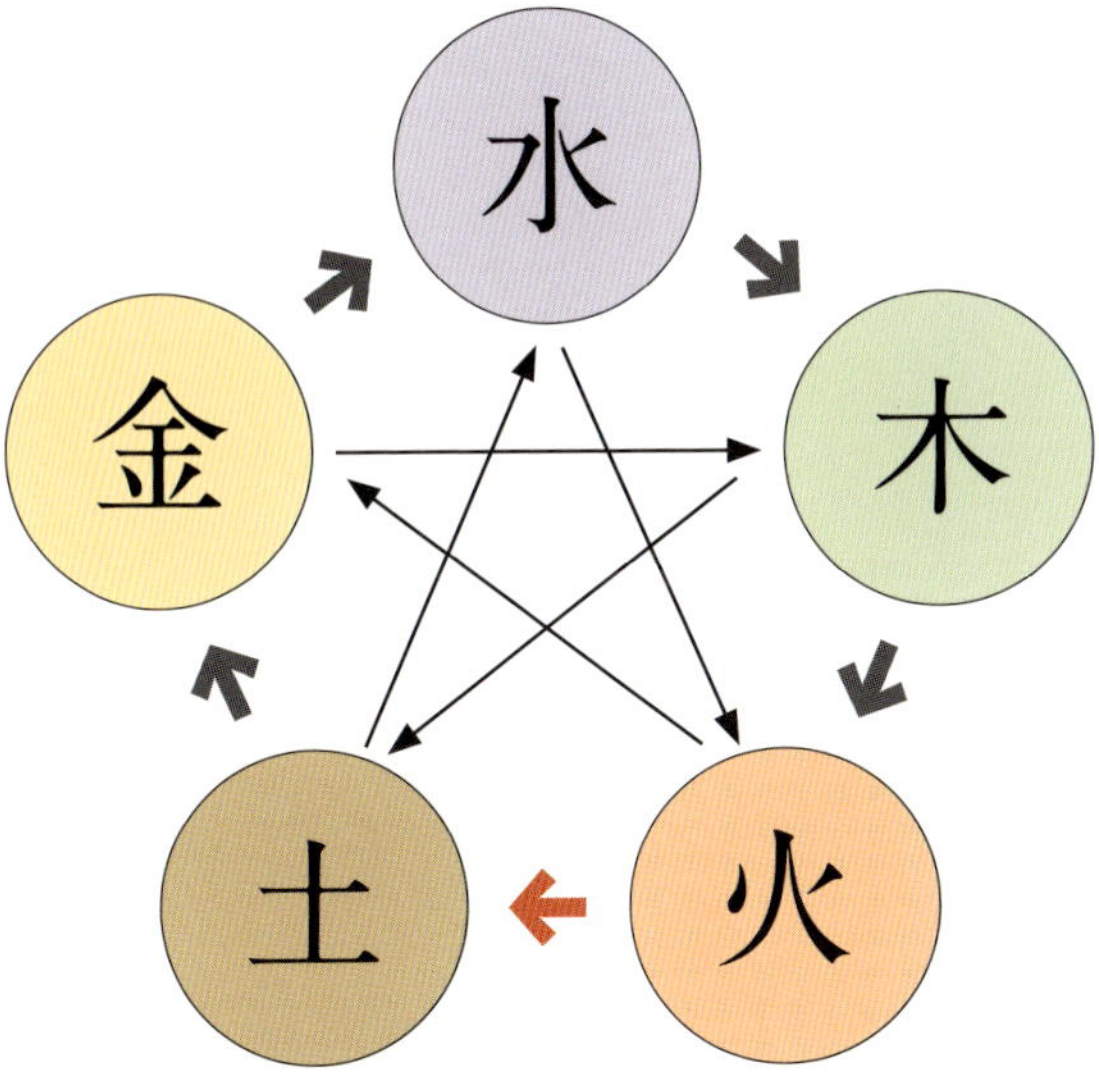

五行	木	火	土	金	水
五色	青	赤	黄	白	黒
五虫	鱗	羽	倮	毛	介

人間は倮です(鱗も羽も毛も殻もなく、裸の生き物)。

なぜ、丙午《ひのえうま》の女性は強いといわれるの？

「丙午」とは、十干が丙（陽の火気）、十二支が午（陽の火気）の組み合わせ（六十干支表では43番）の干支です。この年に生まれた女性に対して、「丙午の女性は、気が強く夫を尻に敷く」とか、「丙午の女性は、夫を早死にさせる」という、「丙午の迷信」があります。そのため、その年の出生率が下がるということがありました。

十干の丙は、陽干で太陽を表し、とても勢いの強い様子を象徴します。また、十二支の午は、時刻でいうと正午、太陽が南中する最も勢いのある状態で、丙も午も両方共にとても強い陽の気を持っているとされます。そのような時に生まれた人は、強い気質、性格を持っているというような俗信を生んでしまいました。

また、丙も午も陽の火の気であるため、丙午の年は火事が多くなるともいわれました。

迷信ではありますが、陰陽説の考え方では、陽が極まり過ぎる状態、陰が極まり過ぎる状態は、あまり良い状態ではなく、バランスのとれた中庸が「良い状態」とされます。「陽が極まれば陰に転じ、陰が極まれば陽に転じる」というのが、陰陽説の基本的な考え方です。

相撲には陰陽五行が盛りだくさん？

相撲は、日本の国技であり神事です。相撲の起源は古く、『古事記』や『日本書紀』にも相撲についての記述が見られます。相撲のいたるところに陰陽五行説が用いられていますので見てみましょう。

相撲をとる土俵は、四角い形に土が盛り上げられていて、その内側が勝負俵で円形になっています。これは、大地を表す四角形は陰を表し、内側の円形は陽を表していて、「天円地方」をそのまま表した形です。

国技館の土俵の上には、吊り屋根が吊り下げられています。その吊り屋根は神社の社の屋根の形と同じで、神明造になっています。神明造に特徴的な千木の形を見てみますと、縦削ぎの千木になっていますので、陽を表します。また、屋根の上に置かれる鰹木は五本の奇数で、陽を表します。土俵は神聖な場所で、女人禁制がよく話題になりますが、屋根の形を見るだけでも、相撲の土俵の上は男神の世界を表しているようです。以前は、土俵の四方に柱が立っていて、それぞれに、東には青色（緑色）の布が巻かれた柱、南には赤色の布が巻かれた柱、西には白色の布が巻かれた柱、北には黒色の布が巻かれた柱が立っていたようです。しかし、観戦の邪魔にな

●天円地方

るということで、現在は、吊り屋根から、東には青色（緑色）の房、南には赤色の房、西には白色の房、北には黒色の房が下げられています。これは、五行説の色と対応しており、中央は、土俵の土の色の黄色と対応しています。これは「四神相応」といって、方位の守護神である四聖獣が守っています。東の青房は青龍神が、南の赤房は朱雀神が、西の白房は白虎神が、北の黒房は玄武神が守護しています。

行司の握る軍配には、日と月が描かれていることがあります。これも、日＝陽であり、月＝陰であり、宇宙の陰陽を表しています。行司が口にする「ハッケヨイ、ノコッタ」の掛け声の「ハッケ」とは、易の「八卦《はっけ》」のことです。宇宙の森羅万象、八卦の全てがうまくいきますようにという、天下泰平を祈願しての掛け声であるといわれています。

相撲には神事の側面があり、相撲の勝敗により、今年の五穀豊穣や天下の事象を占います。横綱はその身体に綱を張るように、神を宿す聖なる存在です。四股《しこ》を踏むということは土地の邪気を払い、土を踏み固め、土地を清める意味を持ちます。相撲は国家の安泰や五穀豊穣に寄与しているのです。

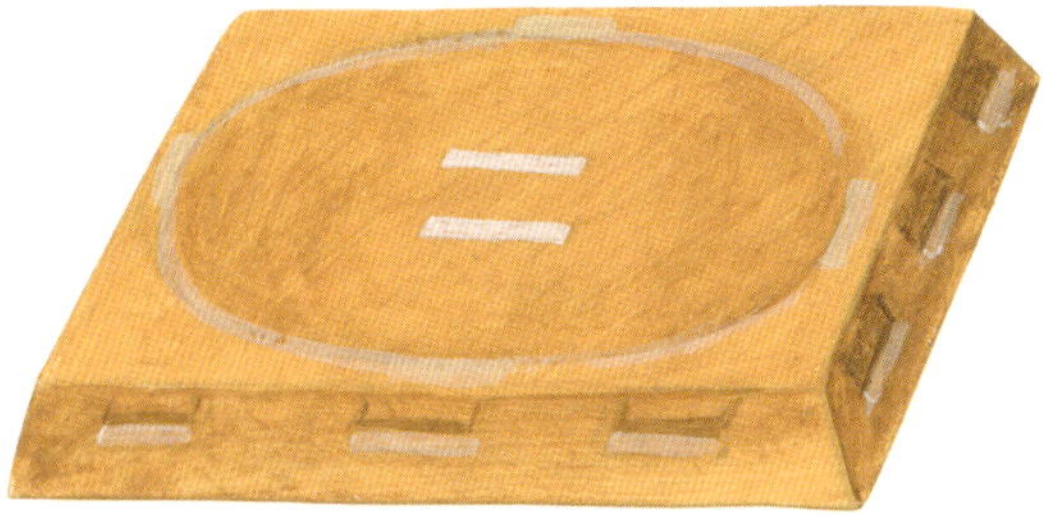

◉天円地方を表す土俵

◉吊り屋根(神明造)

神社の絵馬の由来は？

神社には、願い事が書かれた絵馬がたくさん奉納されています。古くは絵馬ではなく、本当の馬を神社に奉納していました。日照りが続いた時の祈雨や、長雨の時の祈晴として馬を奉納したようです。

雨乞いをする時には、雨＝水＝黒ですから、黒い馬を奉納しました。祈晴の時には、太陽＝火＝赤ですから、赤い馬、または、白い馬を奉納した記録が残っています。

馬は神様の乗り物とされています。願いが真剣なほど、奉納するものもそれ相応になります。今より天候に強く影響を受ける時代では、日照りや降雨は大問題であったということでしょう。

馬は、十二支では「午」。午＝火＝太陽です。午は、太陽の勢いが最も強い状態を表します。日照りや降雨の問題では、この午の力を使わない手はありません。ですので、日照りで「火気」が強すぎる時は、水気を強めるために黒い馬を。長雨で太陽がほしい時には、「水気」を弱めるために、火気を強める赤の馬を使いました。また、白い馬の場合でも易の「乾」（125頁）の白色を使うことで説明ができます。「乾」とは、太陽を意味するからです。

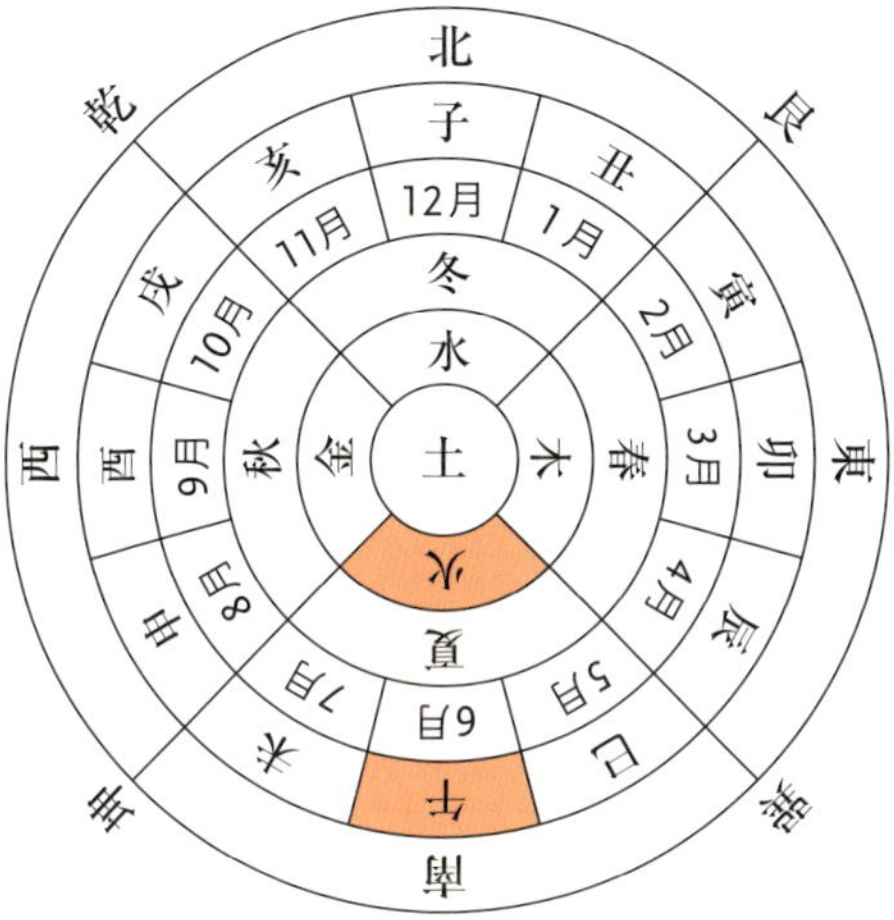
北
艮
東
巽
南
坤
西
乾
子
丑
寅
卯
辰
巳
午
未
申
酉
戌
亥
12月
1月
2月
3月
4月
5月
6月
7月
8月
9月
10月
11月
冬
春
夏
秋
水
木
火
金
土

なぜ、『桃太郎』には猿、雉、犬が登場するの？

『桃太郎』は、桃から生まれた桃太郎が、大きくなって、鬼が島に鬼退治に行くお話です。

桃は厄除けの果実です。桃には昔から邪気を払い百鬼を制するという強い魔除けの力があると信じられていました。『古事記』でも、桃は魔除けの力を象徴しています。桃は、早春に美しい桃色の花を開き、多くの実を結ぶ、神聖な力を持っている果実と考えられていました。桃は植物として「木気」の象徴でもあり、「陽」を意味します。桃太郎は、その桃の力を具《そな》えた鬼退治＝魔物退治のための申し子のような存在です。

鬼は、虎の皮のパンツを履き、牛の角を持った「隠《おん》」ともいわれる「陰」を象徴するものです。十二支の丑と寅の姿を合体させて表したもので、鬼門《きもん》といわれる艮《うしとら》（丑寅）に当たります。東北の方角を指し、一年では最も寒さの厳しい時期を指します。

鬼退治に行くとは、鬼と戦争をしに行くことで、五行でいうと「金気」の象意です。鬼退治のお供に加わる猿（申）、雉（酉）、犬（戌）も、全て「金気」の十二支を象徴する動物で、戦いの気を持っています。桃太郎がお供にあげる黍《きび》団子は、土（黄色）を表し、土生金で戦いの助けになります。

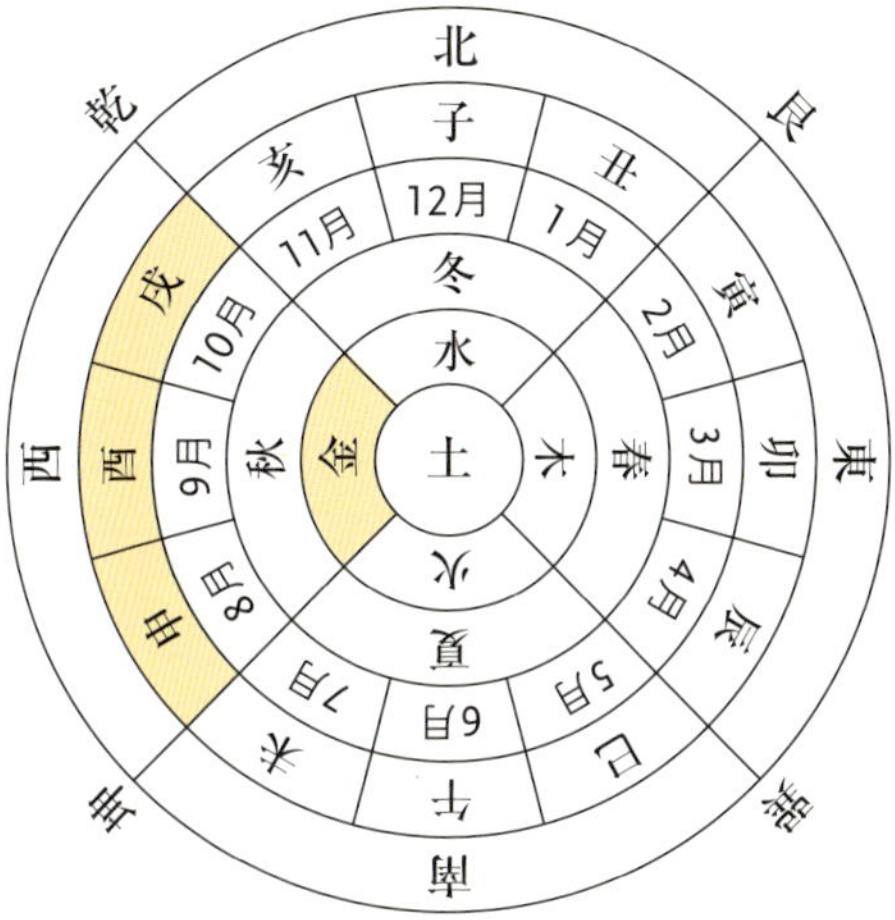

金気を構成する三支（申・酉・戌）が揃うと
「西方金局」ができ、金気がとても強くなります。

なぜ、『花咲爺さん』の犬が金を掘り出すの？

筋書きに沿って五行を見てみましょう。正直爺さんに飼われていた白い犬（土）のポチが畑（土）で「ここ掘れワンワン」と吠え、そこを掘ると宝物（金）が出てきました（土生金）。

それを見ていた隣の欲張り爺さんが、同じように掘ってみるとガラクタが出てきて、それを怒って犬を殺してしまいます。悲しんだ正直爺さんは、ポチを裏山に埋めて墓をつくり、そこに木の墓標を立てると、ぐんぐん大きくなって立派な木になりました。ポチが夢に現れ、木を切って臼にしてほしいというので、臼をつくって白い餅を搗いたところ、中から小判がザクザク現れました。これを見ていた欲張り爺さんは、臼を借りて餅つきをすると、ガラクタが出てきたので、怒って臼を焼いてしまいました（火生土）。正直爺さんが悲しんで、その灰（土）を集めて、「枯れ木に花を咲かせましょう」と枯れ木に撒くと、枯れ木に花が咲きました。そこを殿様が通り掛かり、正直爺さんにたくさんの褒美を授けたというお話です。

お爺さんの白い犬（土）が、様々な形で財宝をもたらしてくれる「土生金」のお話です。灰（土）が花を咲かせて、殿様のご褒美（金）に繋がるのは、土生金の象徴ですね。

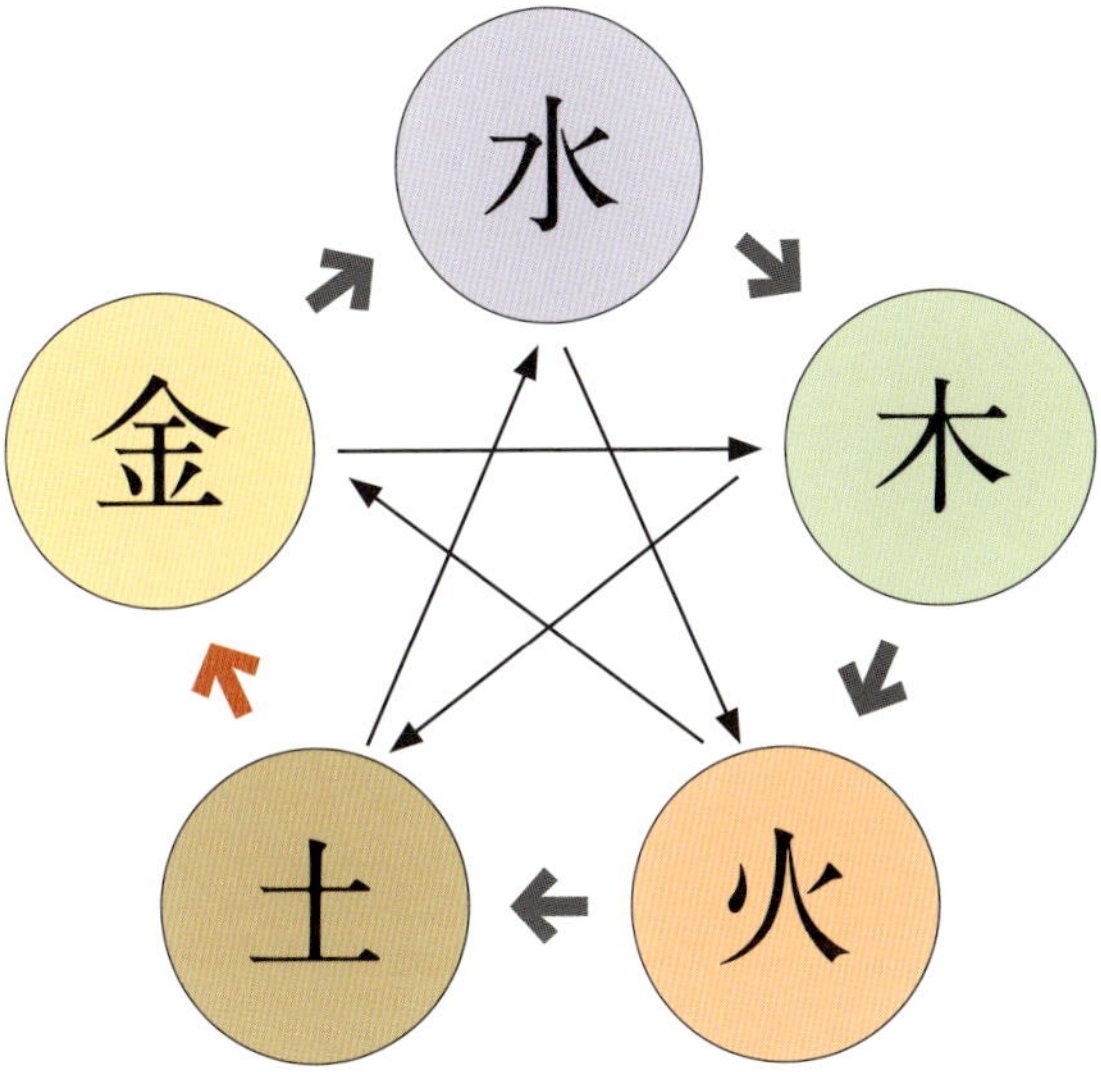

犬（戌）は十二支では金気を含んだ土気を表します。
（63頁「十二支総合表」参照）

なぜ、金太郎は強いの？

金太郎が生まれ育った場所は、足柄山の山奥。山は「土気」を表します。そして、山が金太郎を育みます（土生金）。

金太郎は生まれた時から力持ちでとても強い男の子でした。名前が金太郎で、「金」の字の腹掛けもしていて、かつ力持ちとくれば、金太郎の全てが「金気」を表しています。また、金太郎がいつも持っているお母さんから与えられた鉞《まさかり》は「金気」の象徴であり、「金剋木」の理《ことわり》で、金太郎はその鉞で薪割りの手伝いをします。金太郎がいつも遊んでいるのは、クマや山の動物たちですが、クマは毛の生えた動物ですから「金気」の動物です。動物たちと相撲をとっていたのも、戦いの気である「金気」を表します。ある時、崖にかかっていた橋がなくなっていましたが、金太郎は近くにあった大きな木を力一杯押し倒して橋をかけてあげました。これも「金気」の塊のような金太郎でしたら、「金剋木」で木を倒すことは容易《たやす》くできてしまう逸話です。金太郎は、強いだけでなく、とても優しい「仁」（＝木）の徳を具えた男の子だったようです。

後に都から来たお侍に見出されて京に上がり、坂田金時と名を改め、源頼光四天王の一人の立派な武士になりました。

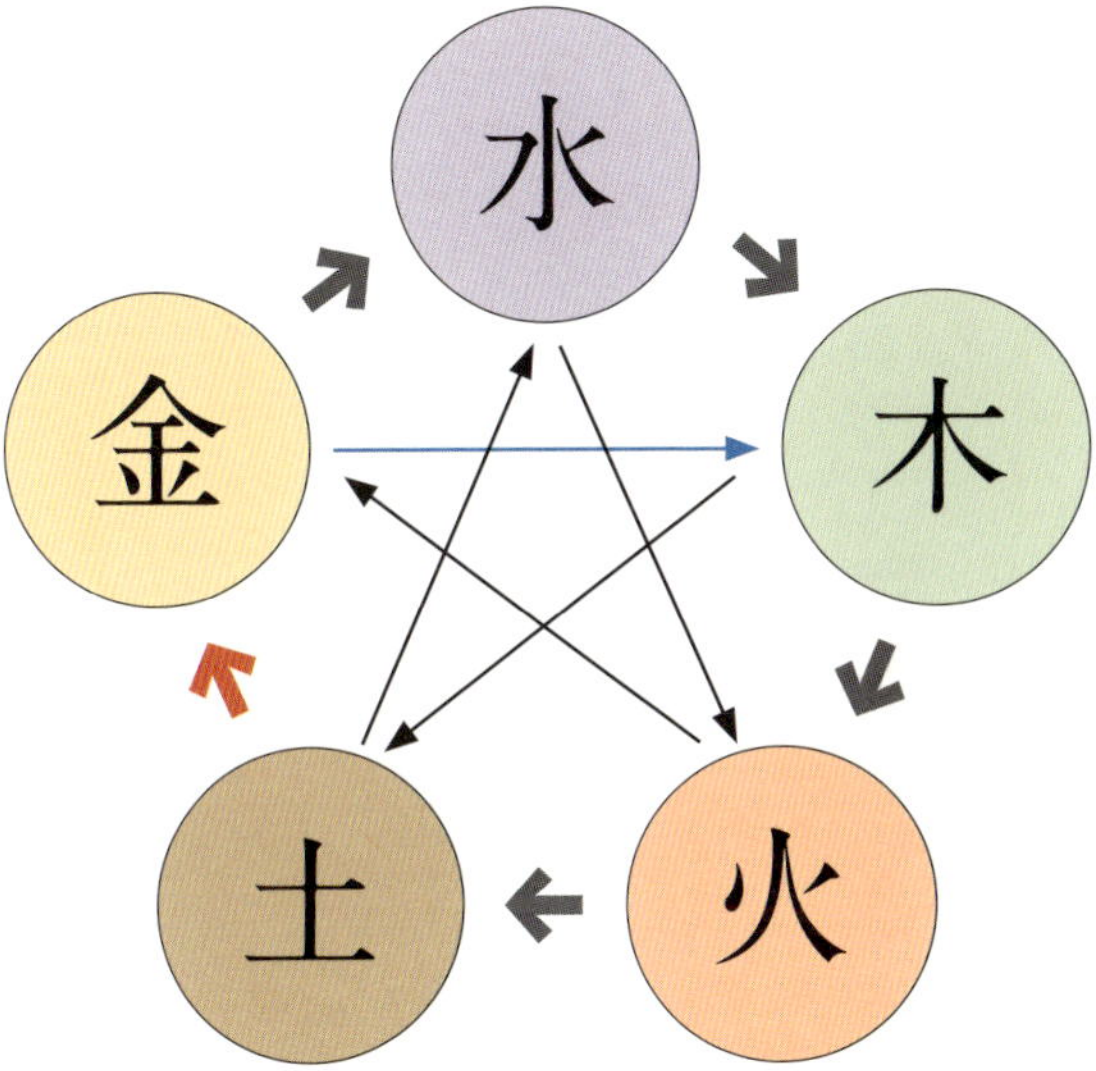
水
木
火
土
金

金

おせち料理の由来は？

正月に、年神様を迎えるための神饌《しんせん》を供え、新年を神様と共に祝います。そして年神様に今年の家族の健康や平安、五穀豊穣など、幸せを祈るのがおせち料理です。

おせち料理は「御節《おせち》」と書き、正月や五節供などの節会《せちえ》の日（節日《せちにち》）に神様に供える「御節供《おせちく》」の略です。節日に神様に供えた神饌を下げて、家族で食べる直会の食べ物が本来のおせちでしたが、現代では正月料理だけを指すようになっています。

正式なおせち料理は、重箱を四段に重ねますが、現在では、三段重のことが多いようです。一の重（上段）には、祝い肴である「三《み》つ肴《さかな》」と「口取り」、二の重（中段）には「焼き物」や「酢の物」、三の重（下段）には「煮物」を入れるのが一般的です。お重に入れる品数は、陽の数である奇数を入れます。

「三つ肴」は、祝い肴といって、おめでたく、おせちには欠かせない料理です。この三つ肴は、関東と関西では違いがあり、関東では「黒豆、数の子、ごまめ」、関西では「黒豆、数の子、たたきごぼう」をいいます。

それぞれの料理についてものぞいてみましょう。

「黒豆」の黒は魔除けの役目を果たします。その年の邪気を

三つ肴（関東）

払い、マメに暮らせるようにと、健康を願う意味が込められています。

「数の子」は、子宝に恵まれるように、子孫繁栄の願いが込められています。

「五万米《ごまめ》」は、「米」と書きますが、片口鰯で、五穀豊穣を願う意味が込められています。これは、片口鰯を田んぼに撒いたら大豊作となったためで、「五万米」の名前がつけられました。別名「田作《たつく》り」とも呼ばれています。

「たたきごぼう」は、豊作の時に飛んでくるといわれる黒い瑞鳥《ずいちょう》を表しており、豊作と一年の息災を祈ります。黒い色は黒豆と同様に魔除けの色です。

「金団《きんとん》」は、黄金色の塊で財運を祈ります。

「蒲鉾《かまぼこ》」は、紅白の蒲鉾の形が日の出に似ていることから、元旦の初日の出を祝うためのものです。

「昆布巻き」は、昆布が「喜ぶ」に通じるといわれるため、おめでたいことには欠かせない縁起のいい料理です。

このように、おせち料理の一つ一つには、今年も幸せに生きていけますようにという、年神様への私たちの願いがたくさん込められています。

なぜ、元旦の朝に水を汲むの？

水は命の源です。

元旦にその年初めての水を汲むことを「若水汲み《わかみずく》」といいます。新春の瑞々しく神聖な陽の気を含む若水を汲んで、神棚に供えた後、年神様へのお供えや正月膳の雑煮を煮炊きします。

若水は、元旦の朝、陽気が立ち昇り、木気が始動する「寅」の刻（午前三時〜五時頃）に汲みます。また古来、若水汲みは神聖な仕事とされ、正月行事を取り仕切る年男が、朝早く、まだ人に会わないうちに汲みに行きました。神聖な若水を汲む役目をするのは、女性ではなく、陽の象徴である男性の仕事でした。

茶の湯の世界でも、暁の時に汲む陽の気の立つ清らかな水を用いることが大切なこととされ、たとえ、夜の茶会であっても、昼以後に汲んだ水は用いないとされています。

五行において、水の生成数は「一」とされます。生命にとって水は最も大切なものなのです。年が改まり命の再生をする元旦を五行で表すと、木気に配当されます。早朝、日が再生したばかりの水は清らかに澄んでいて、私たちの命も再生させてくれます。

●十二消長卦

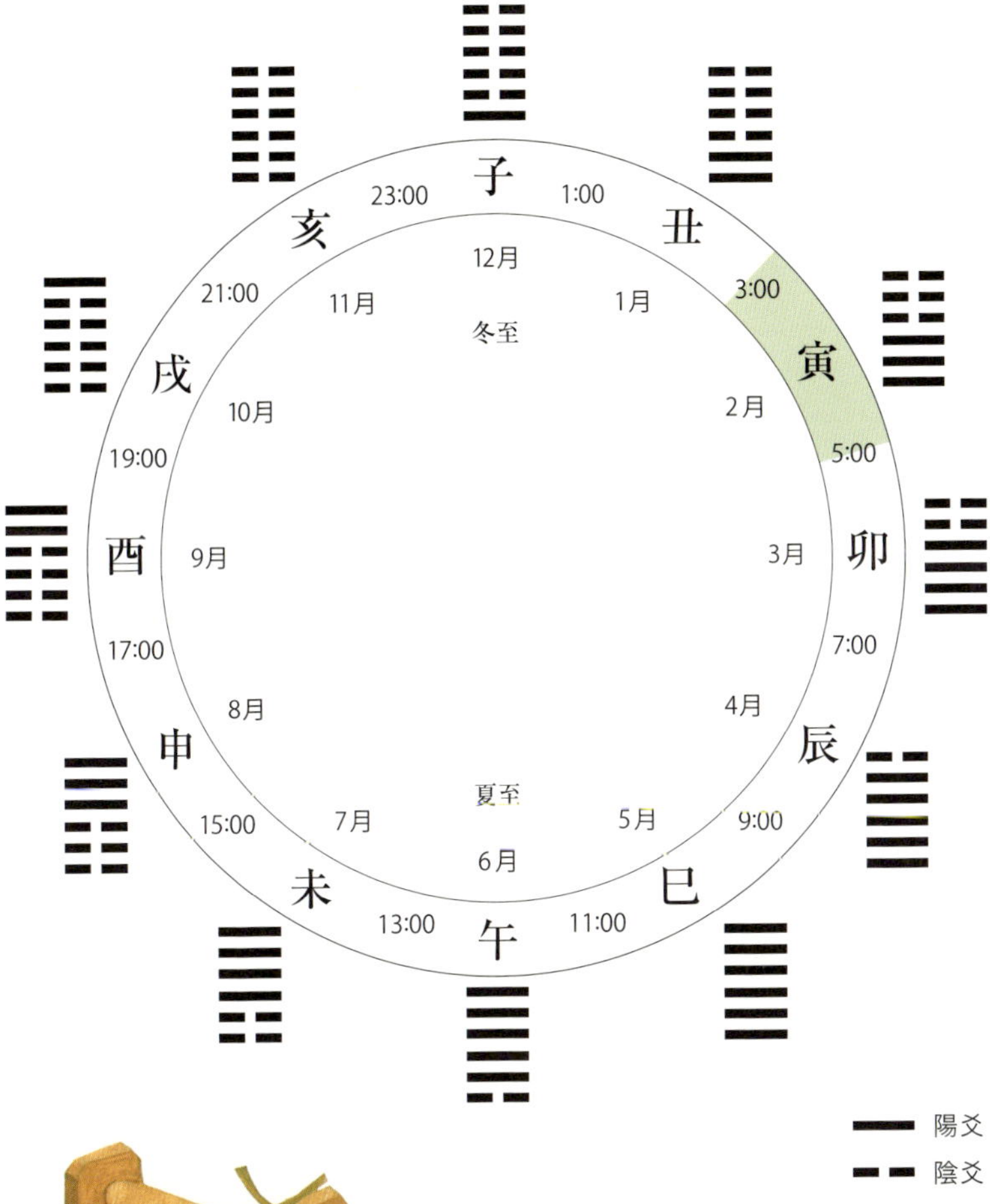

●輪飾りをした若水

なぜ、正月にお屠蘇《とそ》を飲むの？

正月には、屠蘇酒を飲みます。この習慣は、中国の唐の時代に始まり、我が国へは平安時代初期の嵯峨天皇の時に伝えられ、初めは宮中で用いられ、やがて民間に広まりました。屠蘇は、白朮《びゃくじゅつ》、桔梗《ききょう》、防風、山椒《さんしょう》、肉桂《にっけい》、丁子《ちょうじ》などの薬草を細かく砕き、三角の紅絹《もみ》の袋に入れて、大晦日の夜から井戸に吊るし、元旦にかけて酒やみりんに浸したものです。元旦の朝、これを一家揃って飲めば、一年中、邪気を払って無病息災に過ごすことができるという、延命長寿を願う薬酒です。屠蘇の袋の「三角」も「赤」も魔除けを表します。

屠蘇は年少者から先に、年長者を後にして東の方に向かって飲むしきたりがあります。

屠蘇酒とは、薬草を漬け込んだ飲み物ですから、「木気」を表します。元旦（旧暦の寅月）も「木気」を象徴します。さらに、朝食の前の朝の気が満ちている時間は「木気」の時であり、東を向くのも「木気」です。そして、一家の年少者ということは、若い世代のことで、「木気」を表します。このように、正月は年神様（＝木気）をお招きする儀式であり、屠蘇酒を飲むというしきたりは、新年の初めに、若々しい生命力を更新させ、「木気」の再生を図ることに繋がります。

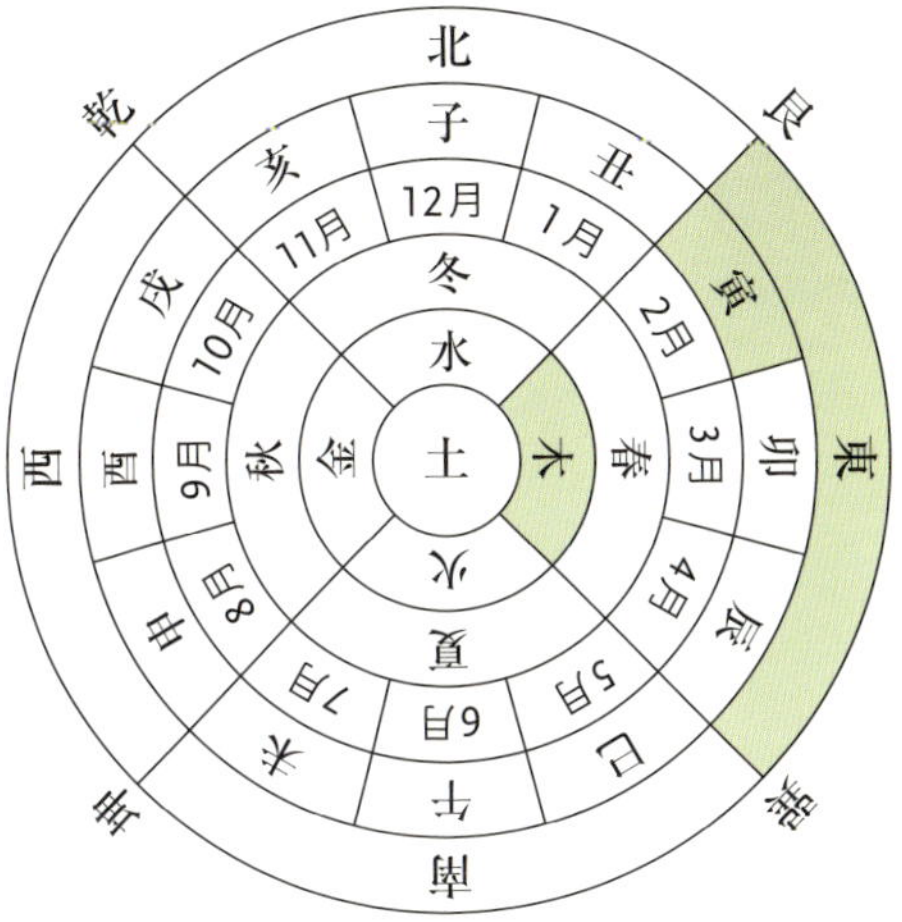
北
艮
東
巽
南
坤
西
乾
子
丑
寅
卯
辰
巳
午
未
申
酉
戌
亥
12月
1月
2月
3月
4月
5月
6月
7月
8月
9月
10月
11月
冬
春
夏
秋
水
木
火
金
土

◉屠蘇酒の銚子飾り

鏡餅の飾りの由来は?

正月の床飾りとしての鏡餅は、正月に迎える年神様への供物であり、同時に正月の間、年神様の依り代となります。

餅は米からつくられ、米には穀霊が宿ると考えられていて、その御神体が餅そのものであるとされてきました。餅は古来、神聖な食べ物と考えられています。

近年では、一年中、餅が手に入り食することが容易にできますが、少し前までは、餅は特別な食べ物でした。「晴れ」の祝食であり、特に正月の餅は年神様の依り代となる特別な意味を含みました。三種の神器の一つに鏡があるように、鏡は神様の宿る神聖な場所なのです。

正月の鏡餅は、丸く平たい鏡のような形の餅が、大小の二つ重ねになって供えられます。このように餅を重ねるのは「重ね重ね良いことがありますように」という願いが込められ、そのため、「重ね餅」と呼ばれたりもします。

鏡餅は、一般的には、橙《だいだい》、譲り葉、裏白《うらじろ》、海老、扇、御幣、昆布などの縁起物と共に年神様に供えられます。正月に欠かせない縁起物には、一つ一つに大切な意味があるのです。

橙＝家が「代々」続くようにという言霊の願いがこもっています。冬に果実が黄色に熟しても落ちず、木になったまま

数年は留まっていて、春になると、黄色の果実がまた、青い色に戻るため「回青橙」という別名もあります。春になって青色に変わり、新たな再生を見せるというのは、五行の春＝青の理そのままです。このため、橙は正月には欠かせません。最近では、みかんで代用されることもありますが、本来は橙でないと意味がありません。

裏白＝シダの一種で、シダ類は人間よりもずっと古くから地上に生えていたので、家系や人類の永遠の繁栄や長寿を願います。名前の通り葉の裏が白いため、裏を返しても変わらぬ清浄な心も願ったといわれます。葉の表は青（緑）で、裏は白というのは、五行でいうと、表＝青＝春＝陽、それに対して、裏＝白＝秋＝陰の相対的な対比になります。シダの葉が左右に相対的な形状であることと、一年の陰と陽の循環の対比を表す形状として選ばれたのかもしれません。

譲り葉＝毎年、新しい葉が出てから古い葉が落ちるので、その新旧交代の様を人間の家系に重ね合わせ、子孫繁栄を願います。

なぜ、鏡開きをするの？

正月の間、神仏に供え、床の間に飾ったりした鏡餅は、鏡開きの日に小さく割って汁粉などにして、家族で直会（神様のお下がり）としていただき、鏡開きを祝います。

鏡餅には、その年の年神様の魂、「年魂《としだま》」が宿っていると考えられていました。年魂とは、その年を生きていくための神様からの力、霊力、エネルギーを指します。

そのため、神様の魂、力の宿る餅を割る際に、「切る」という忌言葉《いみことば》を避けて、「開く」という言葉を使いました。それで、鏡餅を小さく分けて直会としていただくことを「鏡開き」といいます。餅を分ける時にも、実際に刃物を使わずに、手か槌《つち》で割って小さくします。このように、おめでたい行事食には、言霊の力を大切にして、忌み言葉を避けておめでたい言葉を使う風習があります。

古くは、一月二十日に鏡開きが行われていましたが、現在の鏡開きは、一月十一日に行われています。

また、小豆や黒豆、胡麻、塩、笹の葉などの魔除けの力の強い食べ物を使って、邪気を払うことも行われます。中でも、小豆は炎の色である赤色であり、食べ物としての効能も薬膳料理にも取り入れられるほどに強く、魔除けの力の強い植物

です。神聖な鏡餅に小豆のエネルギーを加えた汁粉は、強力な厄除けになります。

行事には、魔除けとして、赤い色や黒い色がよく使われます。五行では赤色は火気、黒色は水気を表します。邪気を払うために火と水の力は欠かせません。

炎の力は強く、お焚き上げなどに使われますが、全てを焼いて天に返してしまう力を持っています。火で焼かれることによって清められます。

また、水の清めの力も強く、水は汚れを落とし流すことができます。神社を参拝する前にも、手水舎《ちょうずや》で手や口を清めます。身を清めるのには水垢離《みずごり》（水行）などによっても禊祓いをします。古くは七夕の笹竹や雛節句の撫でもの（104頁）を川や海に流したり、水によって邪気を払うことが行われてきました。打ち水なども清めの一種です。塩による清めも行われますが、これは海水での清めと同じ意味を持ちます。このように、五行の象徴によって、赤色や黒色にも火や水に通じる魔除けの力があるのです。

なぜ、一月七日を「人日」というの？

一月七日は、五節句の一つ「人日の節句」、「七草粥《ななくさがゆ》」の日とされています。人日の節句とは、中国の古い風習です。一月一日から六日にかけて、一日は鶏の日、二日は狗の日、三日は羊の日、四日は猪の日、五日は牛の日、六日は馬の日、七日は人の日とされ、その日にはその動物を大切にして、殺さないようにしました。そのため、七日は「人日の節句」といわれました。この日に七種の野菜を入れた羹《あつもの》（熱い吸い物）を食べる習慣があり、それが日本に伝わると七草粥を食べる風習になりました。

「七草粥」の春の七草とは、せり、なずな、ごぎょう、はこべら、ほとけのざ、すずな、すずしろの七種をいい、これを細かく刻み、七草粥をつくります。草は木気そのものです。新年、厳寒に緑の葉をつけている強い植物の生命力を体内にいただくことにより、新しい年の無病息災を願います。新年（木気）が始まったばかりの時に、植物の木気を取り入れ、来たるべく春（木気）を呼び込むための大切な行事です。その際、春の木気を確かに呼び込むために、包丁（金物）をトントンと叩き、木気の敵である金気を痛めて、「金剋木」の勢いを弱め、本格的な春の到来を助けるという考え方もあります。

◎七草粥

「小正月」とは？

正月とは、その名の通り、三が日や松の内の期間だけでなく、新年を迎えた最初の月のことを指します。

その中でも、新しい年を祝う元旦は、国民の祝日であり、一年の中で最も大きな国家的行事です。明治の初めまでは旧暦を使っていたため、月の月齢と祭事は密接な関係がありました。旧暦の一月一日は、朔日《ついたち》であり、新月のお祭りです。この元旦からの公式な正月を「大正月」や「男正月」といいました。新月から始まり、満月に至るまでの陽の期間に今年の五穀豊穣を祈る様々な行事が続きます。

そして、旧暦一月十五日には、新年初めての満月を迎え、満月を祝い、「小正月」や「女正月」と呼ばれる行事が行われます。古くは、この満月の日が元旦であった時代もあったようです。この日には、小豆粥を食べて一年の邪気を祓います。また、餅花や削り掛け、繭玉《まゆだま》などといった木の枝に細工をして、花が咲いたような華やかな飾りをつくります。これは、新年初めての満月の日に、あらかじめ花や実が成っている豊作の状態をつくって祝うことで、自然界にそのような状況を起こすように働きかける「予祝《よしゅく》」の行事です。新春、農事が始まる前の今年の五穀豊穣を願う祈りの形が見られます。

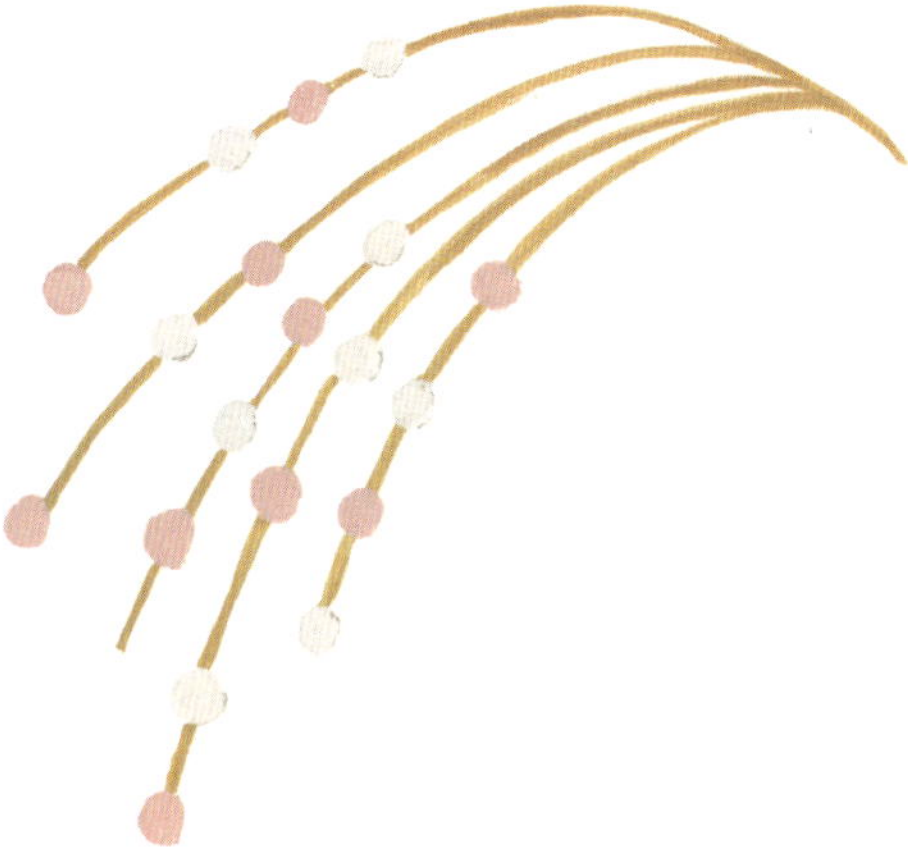

上から、餅花、削り掛け、小豆粥。

「節分」の意味は？

節分とは、字のごとく季節の分かれ目のことをいいます。豆まきをする立春の前日の冬から春への節分を「節分」と呼んでいますが、実は、節分は一年に四回あります。冬から春への節分、春から夏への節分、夏から秋への節分、秋から冬への節分の計四回です。いずれも、季節の最後の日、つまり、立春、立夏、立秋、立冬の前日が節分になります。

その中でも、冬から春へ新しい年を迎える節目として、一年の締めくくりとなる立春の前日の節分は大晦日のような意味を持ち、日本全国で豆まきの行事が行われます。

豆まきの儀式は、室町時代に中国から伝わった追儺《ついな》の儀式に由来するもので、「鬼やらい」ともいい、疫病や災害を追い払う行事です。中国では災害や疫病、邪気などを鬼にたとえ、その鬼を追い出しました。「鬼」の語源は「隠《おん》」といわれますが、立春の前日は、一年でも最も厳しい寒さといわれる二十四節気の大寒の時期です。その時期の寒さ、風邪やインフルエンザの流行などの陰の気が、邪気、鬼の正体です。豆は「魔目《まめ》」や「魔滅《まめ》」に通じ、鬼に炒った豆をぶつけることで、退治できると考えられています。その他、「鬼は外、福は内」という言葉と言霊による邪気祓い、柊はトゲトゲし

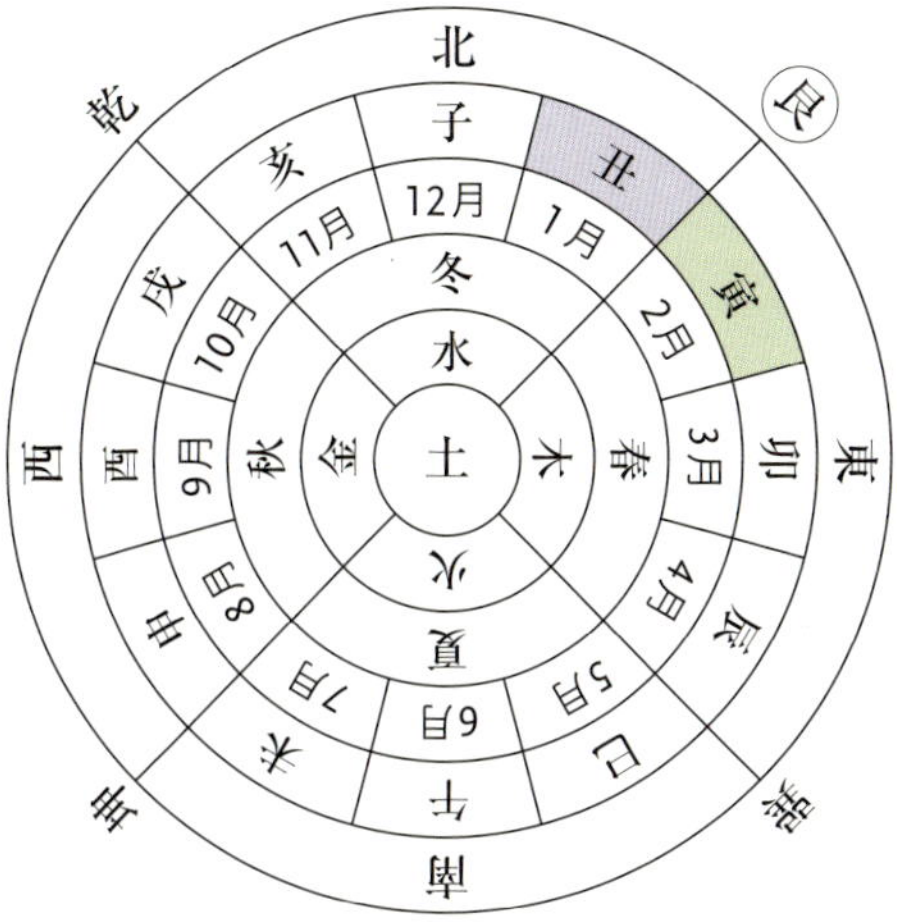

た葉を持つ魔除けの木とされ、その柊を鰯の目に刺して門に挿す「柊鰯《ひいらぎいわし》」の邪気祓い、また、鰯を焼く強烈な匂いによる邪気祓い等、様々な方法で家の中の邪気が祓われます。そして、清浄に清められた家は、立春の新しい春を迎えます。

鬼とは邪気のことですが、鬼は虎の皮のパンツに牛の角、虎の鋭い牙や爪を持っているイメージがあります。これは、ちょうど二月三日頃の節分の時を十二支で表した場所が、丑・寅の場所にあるからです。一年でいうと、丑月から寅月への移行の位置にあります。それを方位でいうと、丑と寅の方位で、艮《うしとら》という東北方位を表します。この方位は鬼門と呼ばれ、清浄に保たないといけないと人々から恐れられている神聖な方位です。一日でいえば、真夜中の午前三時前後の深夜から朝に向かう、新たな一日の生まれ出る神聖な時間です。陰から陽の転換が行われる時間・方位であるため、この鬼門は別名「生門《きもん》」ともいう大切なところです。五行でいえば、暗く厳しい寒さである冬の「水気」から明るい春の「木気」に移る転換点です。新しい明るい春を迎えるための祓いの行事が節分なのです。

「恵《え》方《ほう》参《まい》り」とは？

元旦には、その年の年神様を迎えます。
その年の年神様の宿る方角は、縁起のいい方角とされ、「恵方」といいます。恵方は、別名「明の方《あきのかた》」「天徳《てんとく》」「兄方《えほう》」などとも呼ばれ、その方向に行くと、年神様によって福が与えられるといわれています。

恵方は、その年の干支によって毎年、方角が変わります。私たちは、正月に初詣《はつもうで》をしますが、初詣は元々、恵方参りに由来し、その年の恵方に当たる神仏に参拝して来たる年の豊穣と家内安全を祈願するものでした。近頃、この恵方参りは廃《すた》れてきていますが、節分の日に「恵方巻き」を食べる風習が、このところ盛んになってきています。

節分の日の近くになると、コンビニエンスストアの前などに「今年の恵方は南南東！」などと書かれていたりしますが、この恵方は干支の十干によって決められています。恵方の方角はその年の十干が陽干の場合は、戊《つちのえ》以外の年は、そのまま、その十干の方角が恵方になります。戊の場合は、戊の方角は中央を表し、恵方の方角がないので、代わりに丙の方角がその年の恵方になるという決まりがあります。十干が陰干の場合は、その陰干と干合する陽干の方角が恵方になります。

◉恵方表

年干	甲《きのえ》	乙《きのと》	丙《ひのえ》	丁《ひのと》	戊《つちのえ》	己《つちのと》	庚《かのえ》	辛《かのと》	壬《みずのえ》	癸《みずのと》
五行	木	木	火	火	土	土	金	金	水	水
陰陽	陽	陰	陽	陰	陽	陰	陽	陰	陽	陰
恵方	甲	庚	丙	壬	丙	甲	庚	丙	壬	丙
方角	東北東	西南西	南南東	北北西	南南東	東北東	西南西	南南東	北北西	南南東

上記「方角」は恵方の方角のことです。

◉干合表

陽干	甲	丙	戊	庚	壬
陰干	己	辛	癸	乙	丁

◉二十四山方位表

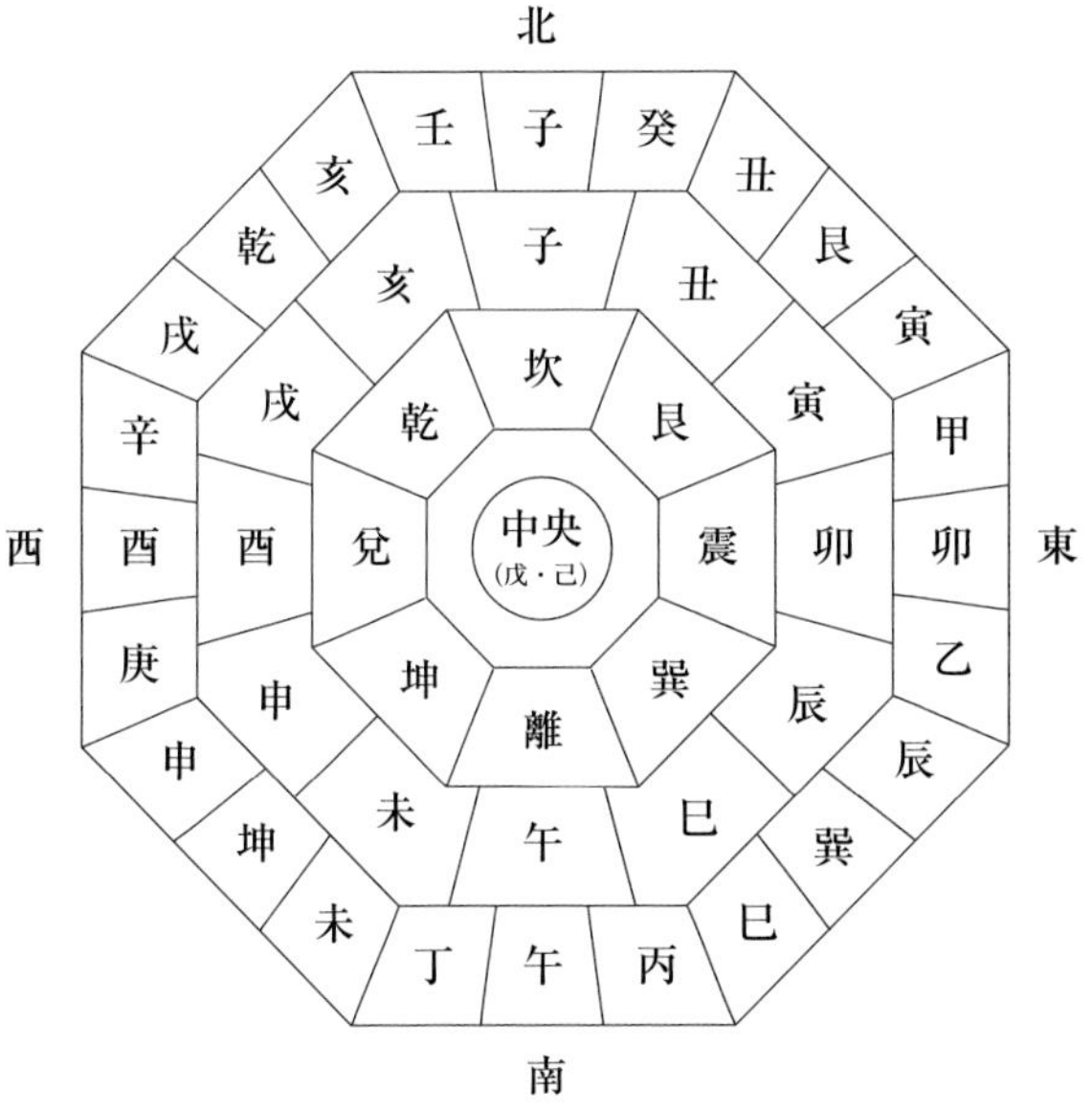

二十四山方位表は、十二支、十干(戊・己は中央を表すためそれ以外の8つの干)、四偶(12+8+4=24)の方位を表したものです。全方位(360度)を二十四方位で分割したもので、一つの方位は15度となります。
恵方として使われる方位は、甲、丙、庚、壬の4つの方位です。10年のうちで4年が、丙方位(南南東)が恵方になります。表は、内側から、八卦の方位表(後天定位表)、十二支方位表、二十四山方位表となっています。

なぜ、狐が稲荷神の使いなの？

二月の最初の午の日を初午《はつうま》といい、全国の稲荷神社で初午祭が執り行われ、多くの人で賑わいます。二月初午は、稲荷神社の総本社である京都の伏見稲荷大社の神様が降りた日とされ、伏見稲荷大社の創建日に当たります。稲荷神といえば字が表すように、元々は「稲」の神様で五穀豊穣を司る神様でしたが、時代が下がって産業形態が変わり、今では、五穀豊穣の他、商工業や産業の神様として商売繁盛、産業隆盛の神様としても多くの人々に信仰されています。

初午の日には、稲荷寿しや油揚げをお供えし、五穀豊穣や商売繁盛などを祈願します。お稲荷様といえば、赤い鳥居と神様のお使いの狐、油揚げが有名で、これにも意味がありそうです。

まず、稲荷神のお使い（神使）が狐とされますが、黄金色に実った稲の田んぼの色がまさしく狐の色であり、五行の土気の色です。また、穀物も土気を表します。土気の働きは稼《か》穡《しょく》（蒔いた種が実って収穫すること）であり、五穀豊穣を促進する意味を持ちます。このような意味から、狐が五穀豊穣をもたらすお使いとされたのでしょう。

お稲荷様に油揚げをお供えしたり、油揚げを使った寿司が

◉火の三合

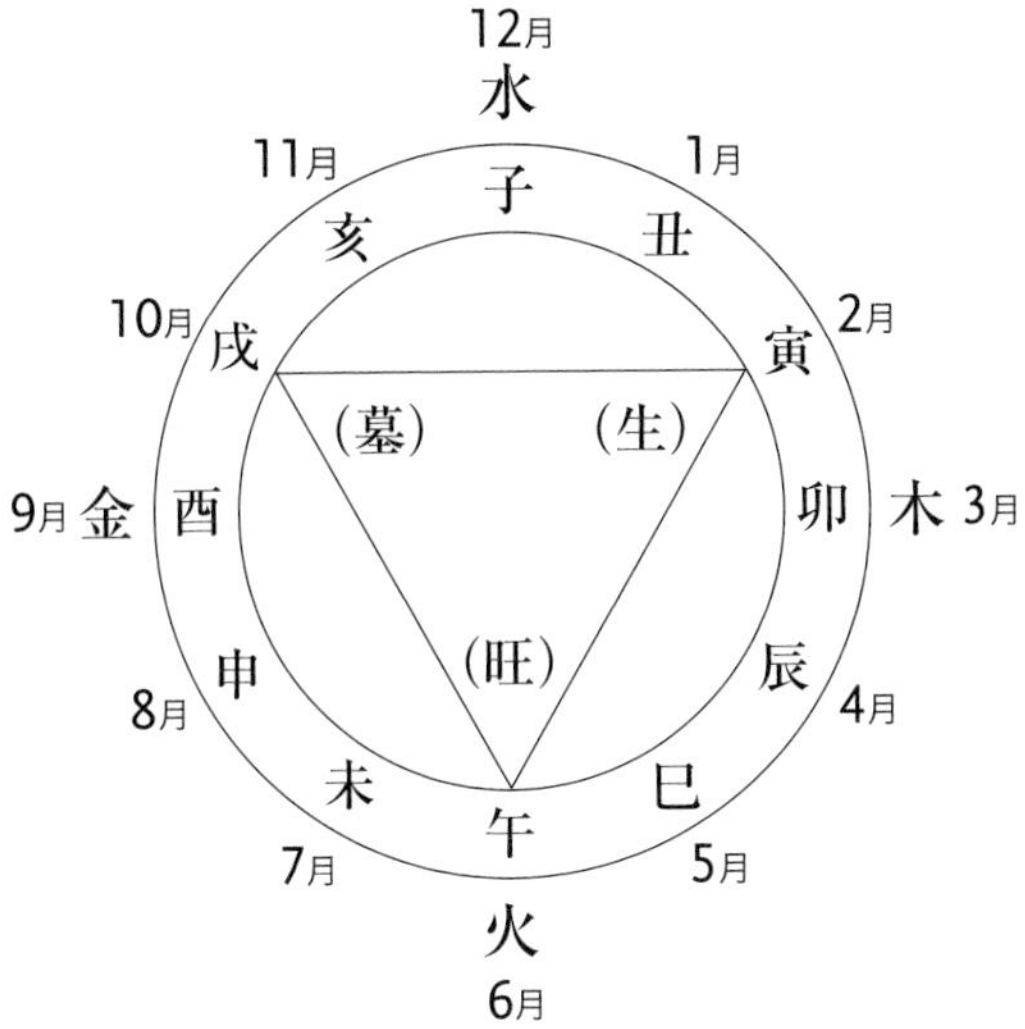

お稲荷さんと呼ばれ、よく狐と油揚げが同一視されます。これは、神使の狐の色が油揚げの色と同じような土気を表す色のため、油揚げが狐の好物と思われていたという古い記録が残っています。油揚げも狐も五行では土気を表します。稲荷寿しは、甘く煮た油揚げの中に酢飯を詰めた俵型のお寿司ですが、米俵こそ五穀豊穣の象徴です。

初午の日は、寅月の初めての午の日です。寅は木気、午は火気ですが、三合の法則では、寅と午と戌が揃うと「火の三合」ができ、火の勢いが旺盛となります。寅と午だけでは完全な三合ではありませんが、火の気がとても強くなります。毎年、初午の日にはこの条件が揃い、その強い火の力が土気を生みますので、さらに、五穀豊穣や商売繁盛などが促進されます。

また、午は、火気の中でも最も勢いの強い火気を表します。初午は午の日のお祭りということですから、強い火気は、「火生土」の考え方から土気をさらに活性化させます。土気とは穀物などの収穫物や収益であるため、さらに効果があります。お稲荷様の赤い鳥居の赤も火の色であり、魔除けの色です。

春の「祈年祭《きねんさい》」とは？

祈年祭とは、「としごいのまつり」ともいい、春、農作業を始める前に今年の五穀豊穣を祈る祭りで、神社の祭りの中でもとても重要な祭祀です。この春の祈年祭に対して、秋には新嘗祭《にいなめさい》で今年の収穫を感謝します（103頁）。この祈年祭と新嘗祭は、日本の国の繁栄にも関わる大きな祭りです。

祈年祭は、古くは旧暦二月四日、卯月に行われていましたが、現在では新暦二月の寅月に行われます。立春を迎え、季節は春。植物が芽吹き、木気が盛んになってきます。

木気の季節は、新暦二月の寅月に生まれ（生）、三月の卯月に最も旺盛となります（旺）。そして、四月の辰月に勢いが衰え（墓）、次の季節に向かいます。

耕作、農業は、植物の力、つまり、この木気の力を天の恵み、大地の恵みとしていただくことです。昨年までと同様に今年も五穀豊穣、田畑の収穫をたくさんいただけますようにと、農耕開始にあたって木気が盛んになりはじめる二月に祈年祭を行うことで、さらなる「木気」の隆盛を応援します。今年も私たちの命を繋ぐ天地の恵みをいただくことができますようにという真剣な祈りです。五穀豊穣であることがそのまま、国の繁栄に繋がります。

秋の「新嘗祭」とは？

新嘗祭は、春の祈念祭が農耕開始の豊穣祈願祭であるのに対して、新嘗祭は収穫感謝祭です。天皇陛下がその年の新穀を神様にお供えし、感謝を捧げる一年で最も重要なお祭りです。夕刻から深夜にかけて行われる夕《よい》の儀と暁《あかつき》の儀があります。宮中の神嘉殿《しんかでん》に神々をお招きし、天皇陛下お手づから、初穂のご飯や白酒黒酒をお供えになり、陛下ご自身も召し上がられます。

元々は、旧暦十一月の中卯（中旬の卯）の日に行われていましたが、現在では、新暦の十一月二十三日に行われ、「勤労感謝の日」の国民の祝日としてお祝いされています。

新嘗祭は、五穀の収穫祭です。亥月卯日は、それだけで、亥・卯・未の三合木局のうち、亥と卯が揃い、未が揃わなくても「木気」が強くなります。

植物である穀物は「木気」です。「木気」を強めることで、今年の収穫に感謝すると同時に、新たな年の収穫にも「木気」の助けがあるようにと神に祈ることになります。毎年の収穫祭を新嘗祭といいますが、天皇陛下に即位した初めての新嘗祭は「大嘗祭《だいじょうさい》」と呼ばれ、特別な祭りを行います。この大嘗祭を経ることは天皇陛下の即位に欠かせません。

なぜ、上巳の節句に雛人形を飾るの？

上巳の節句とは、三月三日の「雛祭り」のことです。雛祭りは、雛人形を飾って女の子の健やかな成長を祝うお節句ですが、昔は、上巳の節句と呼ばれていました。上巳とは、中国から来た行事です。上巳の「上」とは、「上旬」の「上」、月の初めという意味で、月の初めの巳の日の行事という意味です。辰月（旧暦三月）の初めの巳の日の節句行事のことを「上巳の節句」といいます。それが、後に三月の「三」に合わせて「三」が重なる「三月三日」が雛祭りとなりました。

旧暦の三月、今まで寒い冬の間に滞っていた気が春の訪れと共に一斉に再生する春を迎えます。中国では、春に青々とした草を踏むことで、今までの冬の間に溜まっていた穢れを祓い、川の水で清め禊ぎをするという「踏青《とうせい》」という野遊びの行事があり、それが曲水の宴に発展して日本に入ってきました。日本でも、古来、厳しい冬を過ごした後の水温む頃に祓い清めをする習慣がありました、浜辺や川辺に行って水による祓い清めをしたり、山や野あそびをして自然の中での祓い清めをしたりということが行われていました。

このように、古くは自然の力を使った祓えが行われていましたが、身の穢れを「撫でもの」（紙を人形《ひとがた》にしたもの）に

流し雛

移す祓えが行われるようになりました。現在の雛人形の原型である雛は、祓えの撫でものの一つで、人形で身体を撫でて穢れを祓い、それを川や海などの水に流すという古来の風習から起こりました。

身体の穢れを移す人形が、やがて、現在のような美しい雛人形になっていきました。「内裏雛」は、その名前が示すように、内裏の中、宮中での婚礼の様子を表したもので、江戸時代の東福門院和子が子どものためにつくった雛が雛人形の始まりといわれています。

雛人形は内裏の中を表しますので、陰陽説の理に則って男雛が左（向かって右）＝陽、女雛が右（向かって左）＝陰に飾ります。これが古式に倣った京雛の飾り方です。

都が京都から東京に移って以来、現在の関東雛は、男雛は右（向かって左）、女雛は左（向かって右）に飾り、京雛とは飾り方が逆となっています。

もう少し詳しく説明しますと、古式の京雛の飾り方では、天皇が中心に位置し、その右側に皇后が位置すると考えます。関東雛の飾り方は、現在の国際プロトコールに則った国際儀礼に従う並び方に基づいています。

なぜ、八十八夜に新茶を摘むの？

八十八夜といえば、新茶の茶摘みが有名です。暦の上では雑節の一つとされている農事の節目の日です。八十八夜とは、文字通り、立春から数えて八十八日目で、この日に新茶の茶摘みが行われます。五行説ではお茶は植物で木気、立春から始まる春も木気が司る季節です。木気の象徴である植物が冬の眠りから覚めて一気に盛んになります。一つの季節は、およそ九十一日ですが、そのうちの八十八日目に茶摘みをするということは、その茶葉は木気の気をほとんど全て取り込んだ春の木気の結晶のようなものです。

八十八という数字は、末広がりの縁起のいい数字です。その日に摘まれた新茶を飲むと、無病息災や長寿に通じるといわれています。春の陽気がたくさんつまった新緑の生命力をいただくことにより、私たちの生命力も更新されることでしょう。春は陽が生まれ、盛んになる発展の季節です。立夏を目前に控えたゴールデンウィークの八十八夜の頃は、野や山に新緑が萌える、まさに木気が満ち満ちています。

「八十八夜の別れ霜」といい、この時期になると霜が降《お》りなくなり、やっと霜害の心配がなくなるようです。八十八夜は、まさに春から夏へ向かう農事の節目の日なのです。

◎八節

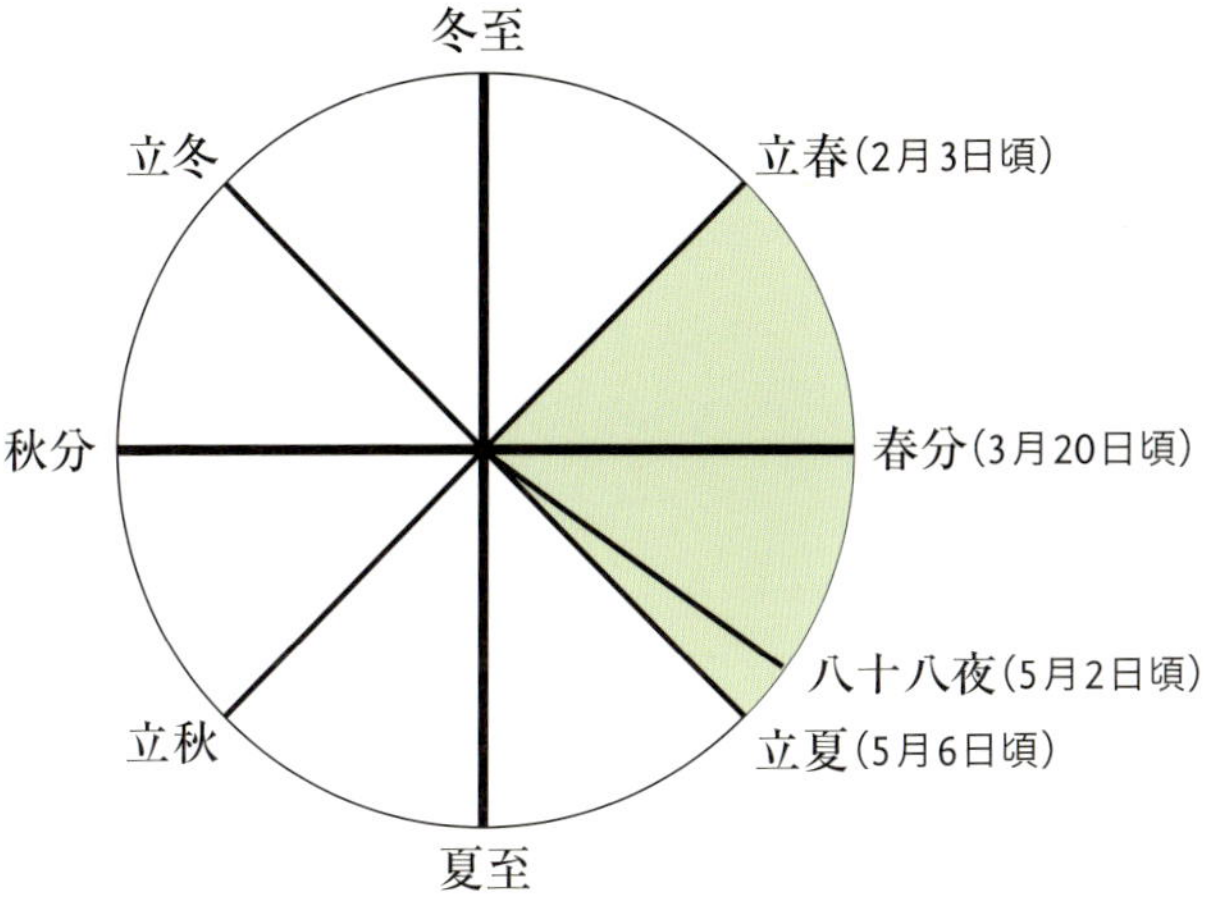
冬至
立春（2月3日頃）
春分（3月20日頃）
八十八夜（5月2日頃）
立夏（5月6日頃）
夏至
立秋
秋分
立冬

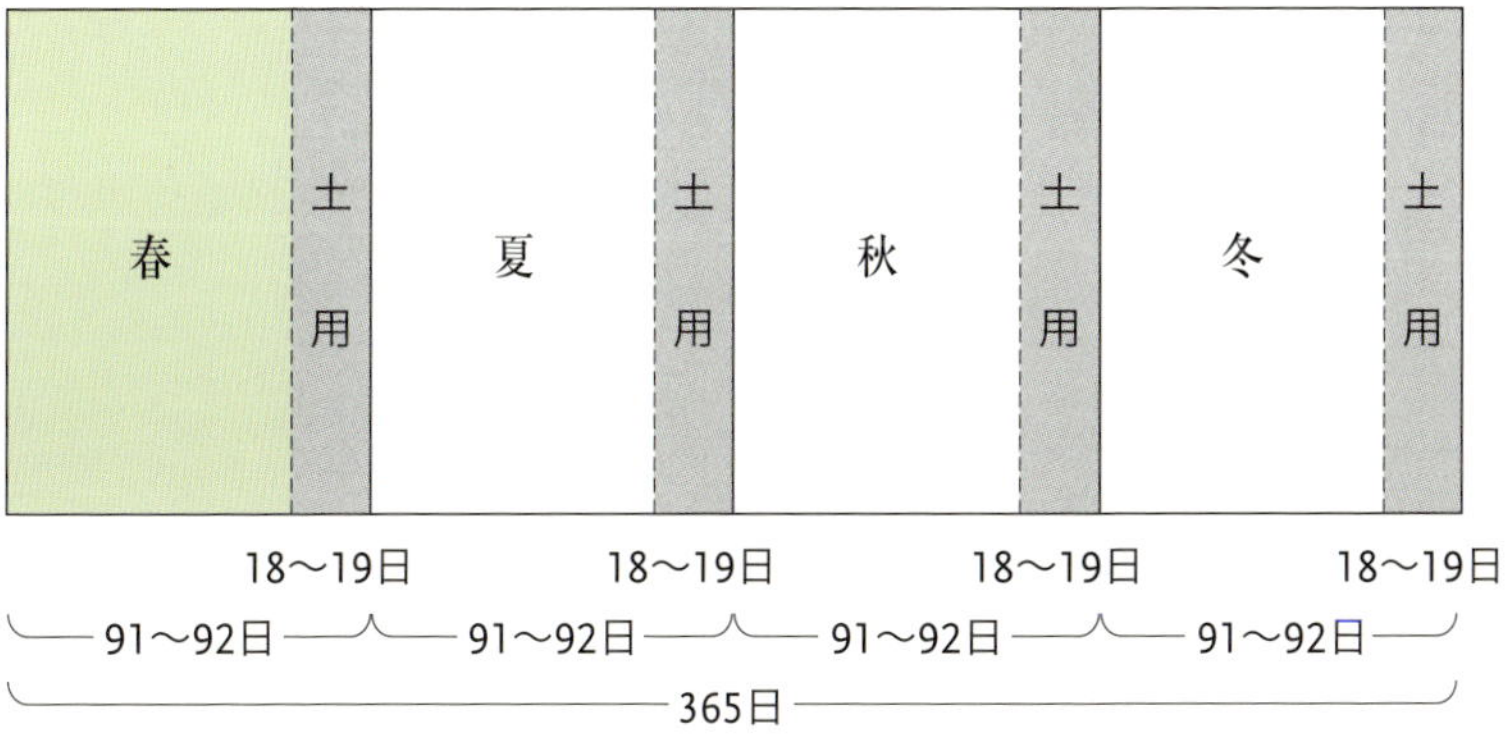
春
土用
夏
土用
秋
土用
冬
土用
18〜19日
18〜19日
18〜19日
18〜19日
91〜92日
91〜92日
91〜92日
91〜92日
365日

「端午の節句」とは？

端午の「端」とは初めのことで、端午とは、月の初めの午の日のことをいいます。本来は旧暦五月初めの午の日が、端午の節句です。「午」を「五《ご》」という音にかけ、後に五月五日の「五」の重なる日が端午の節句とされました。中国ではこの日は陽の気が強すぎる悪日とされ、古くからこの日には、祓い清めを行っていたようです。野に出かけて薬草を摘んだり、草を武器として野遊びをしたり、蓬《よもぎ》で人形をつくったり、菖蒲《しょうぶ》を浸した酒を飲んだり、菖蒲を入れた湯に入るなど、植物の力による穢れを祓う行事が行われていたようです。

また、日本では、この時期は稲の田植えをする大切で、神聖な時でした。そのため、五月五日は田の神様を迎えるために、田植えをする早乙女が菖蒲や蓬で葺《ふ》いた屋根の下にこもって穢れを祓い身を清めてから、田植えを行いました。

菖蒲や蓬を屋根に葺き、粽《ちまき》を食べ、菖蒲湯に入るなどの中国伝来のしきたりは、現在でもそのままに行われています。加えて、武家政権の鎌倉時代になると、「菖蒲」が「尚武」の音に通じるため、武士の間にも盛んになりました。家督制度の厳しい江戸時代では後継ぎの男子の健康と出世を祈る男子の節句へと変わっていきました。

上から、粽、軒菖蒲、菖蒲湯。

七夕《たなばた》の起源は？

七月七日は「七」の重なる七夕《しちせき》の節句です。七夕の行事は、中国からの織女と牽牛の星合伝説で有名ですが、元々は織女が機織りが上手であったことにかけた技芸の上達を祈る乞巧奠《きっこうでん》の習わしで、それが宮廷や貴族社会に伝わってきました。

現在、七夕には五色の短冊に願い事を書いて笹竹に結び、七夕飾りを飾ります。竹は神事にも使われる、短時間で真直ぐに天に向かって伸びる神聖な植物で、私たちの願いがまっすぐ天に届くようにとの意味があります。

また、古代の日本では、この時期に訪れる神霊のために神衣を織る「棚機津女《たなばたつめ》」の伝説があります。聖なる乙女が水辺の小屋に篭って神の衣を織り、訪れた神に穢れを持ち去ってもらう祓《はら》えの行事でした。七夕は、旧暦七月七日、盆を迎える一週間前の行事でもあるため、祖先の霊を祀る前の祓えの意味も持っていたようです。

そして、この時期は、稲作以前からの畑作の作物や麦の収穫祭でもあります。

このように、七夕は古代の日本と中国の文化が習合した多重構造の複雑な行事なのです。

「重陽《ちょうよう》の節句」とは？

九月九日は重陽の節句です。五節句の中でも、とても大切な行事なのです。

重陽の節句とは、その名の通り「陽」に関する節句です。九月九日の「九」は、陽の数字の中でも最も大きい極数であり、陽を象徴する最も尊い数とされます。そのため、五節句の中でも、唯一、名前に「陽」の字が使われ、九が重なるため「重陽」と冠せられています。

重陽の節句は、古来、私たち人類の永遠の望みでもある長寿を祈る重要な節句です。別名「菊の節句」ともいわれ、菊の花を愛でたり、菊酒を飲んだりして、菊の霊力をいただきます。仙人が菊の下露を飲むことにより数百年の命を得たという中国の故事『菊慈童《きくじどう》』があるように、「齢草《よわいぐさ》」や「千代見草《ちよみぐさ》」など、長寿にちなんだ名前がつけられています。菊はこのような霊力を持った植物として、大切にされてきました。

平安貴族は、「菊の被せ綿《きせわた》」という、重陽の前の晩に菊の花の上に真綿を被せ、菊の花の精をたっぷり含ませたものを、次の朝、その綿で体を拭いて菊の花の霊力をいただきました。他にも、菊の花の詰まった「菊枕」を敷いて休むなどして、菊によって生命力を永らえていたようです。

上から、菊、菊酒、菊の被せ綿。

なぜ、十五夜に月見をするの？

旧暦八月十五日の十五夜は、「仲秋の名月」ともいわれ、古くから月見が行われてきました。

秋の夜空に浮かぶ強い光を放つ大きな満月、欠けのない満ち満ちた月を目の前にして、収穫の秋、私たちを生かしてくれている大きな宇宙の力に感謝を捧げました。

十五夜は「芋名月《いもめいげつ》」ともいわれ、月への供物として里芋が欠かせません。稲作が伝わる前、日本では、里芋などの芋を主食としていました。月見は畑作の中でも、里芋の収穫祭の意味合いが強いのです。月見団子の形は関東では丸ですが、関西では先が尖って里芋の形に似せたものが供えられます。

また、一ヶ月後の旧暦九月十三日の「十三夜」も、「後《のち》の月」と呼ばれ、十五夜と共に名月を愛でます。十五夜と十三夜のうち、どちらかを見ないのは、「片見月」といって縁起が悪いこととされました。十五夜が芋名月なのに対して、十三夜は「栗名月」「豆名月」ともいい、その時期の収穫物を供物としました。また、十五夜の「月見どろぼう」といって、子ども達がよその家のお団子を盗って食べていいとされる習慣があります。今年も天地の恵みの収穫物をたくさんいただいたことを、感謝する収穫の祝いが月見なのです。

「亥《い》の子《こ》」とは？

亥の子とは、亥月（旧暦十月）上亥日に行われる年中行事で、「亥の子祝い」「玄猪《げんちょ》の祝い」などともいいます。上亥とは、亥月の初めての亥の日を指し、火鉢に火を入れたり、こたつを出す日でもありました。

古代中国ではこの日に、今年の新米に今年の収穫された穀類を粉にして混ぜ込んでつくる餅を食す習慣がありました。日本の宮中でも玄猪の祝いが行われ、亥の子（瓜坊）の形を真似た餅を食し、無病息災、子孫繁栄を祈りました。宮中では、下賜する家臣の官位によって餅の色が変わるなど、様々な決まりがありました。この時期は、農村ではちょうど刈り入れの終わる頃でもあり、収穫を祝う「刈入祭《かりいれさい》」の意味も持つと考えられています。これは旧暦十月十日の行事のため、「十日夜《とうかんや》」といい、亥の子の行事と同じと考えられています。

亥月は冬の始まりであり、「水気」の盛んになる季節でかなり冷え込んできます。易の十二消長卦（138頁）では陰の勢いが盛んになり、全陰になって陽の気が全くなくなってしまいます。物理的にも炉を開くなど、「火気」を補い暖かさを加えます。冬は火が必要な季節です。亥は「水気」のため、火の調節をしたり、火事を避ける役割も持ち合わせています。

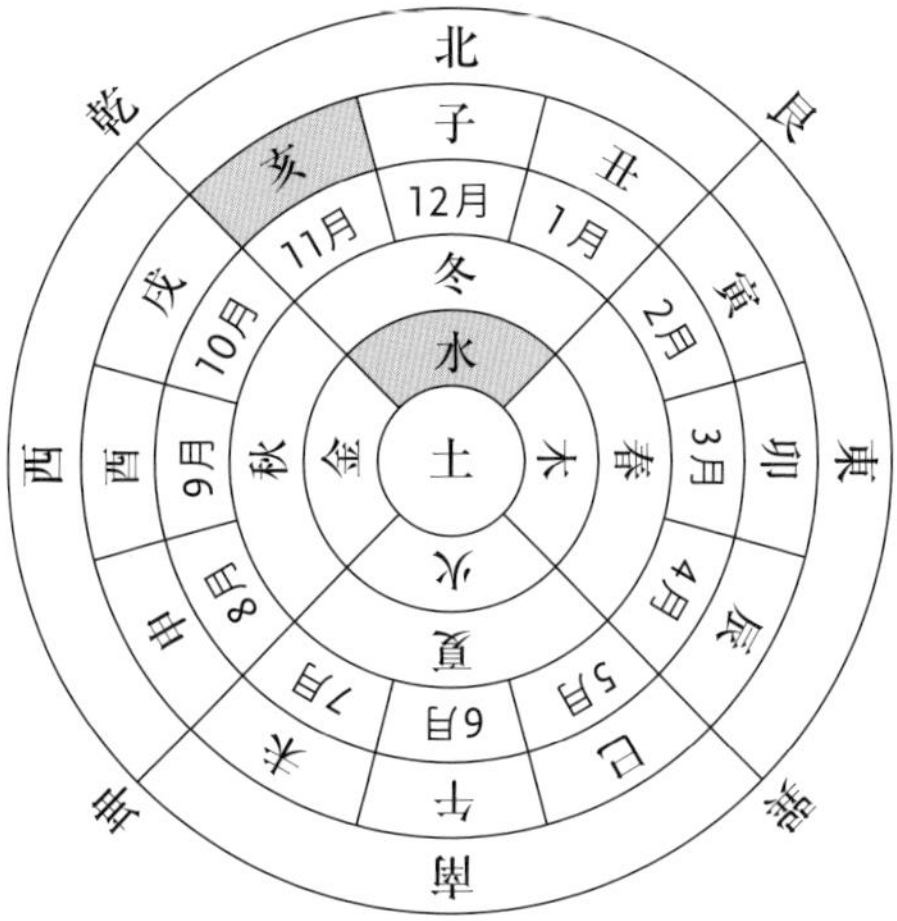
北
乾
艮
子
亥
丑
12月
11月
1月
冬
戌
寅
10月
2月
水
西
酉
9月
秋
金
土
木
春
3月
卯
東
申
8月
火
4月
辰
夏
7月
6月
5月
未
午
巳
坤
南
巽

◉十二消長卦

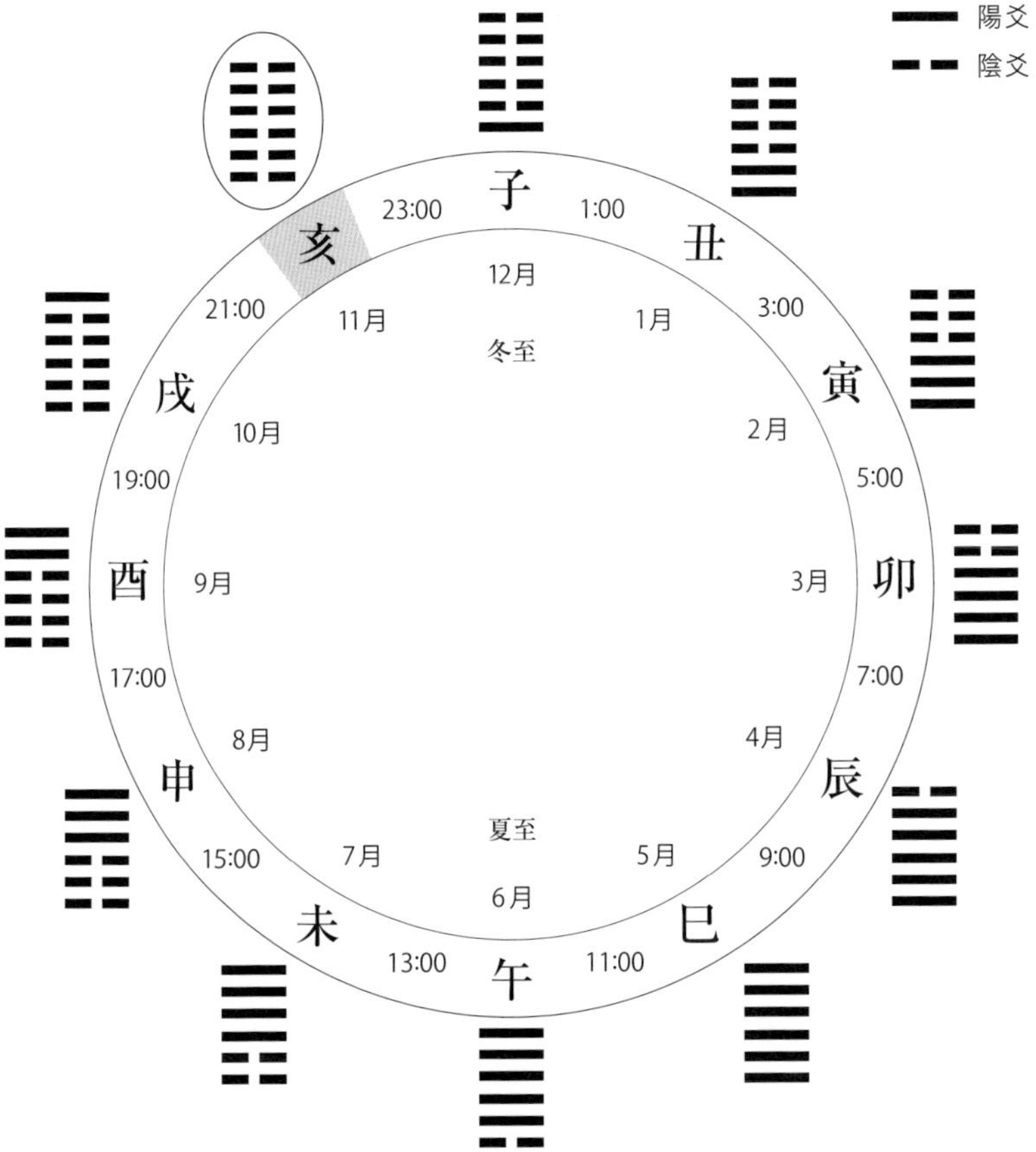
陽爻
陰爻
子
23:00
1:00
亥
丑
12月
21:00
11月
1月
3:00
冬至
戌
寅
10月
2月
19:00
5:00
酉
9月
3月
卯
17:00
7:00
8月
4月
申
辰
夏至
15:00
7月
5月
9:00
6月
未
巳
13:00
午
11:00

なぜ、正月の前に大掃除をするの？

新年を迎えるためには、まず、旧年中の汚れや埃など、家の中を大掃除で祓い清めて、歳神様にいらしていただける清々しい空間をつくります。

正月を迎えるための「事始め」は、十二月十三日から始めます。この日に神社仏閣の煤《すす》払いがニュースとしても伝えられるように、この日から全国的に正月の神迎えの準備が行われます。これは、土用とも関係があります。土用の期間は約十八日間で、その間に季節と季節の移行が行われますが、かつては、正月と迎春は一緒だったため、準備期間は一月一日の十八日前である十二月十三日から取り行われました。

「事始め」として「煤払い」が筆頭にきますが、煤は五行でいうと「土」に当たります。土用の時期を代表する「土」の行事です。お堂や仏様の煤を祓い清めることで正月を迎える準備をするということは、まさしく、土用の行事そのものです。

他にも、門松のための松を伐りに山に行くことを「松迎え」といい、十二月十三日を待って山に入りました。近年では自分で山に門松を取りに行くことは少なくなっていますが、市場で松の市が行われるのもこの頃からです。

付録

「易のはなし」

易ってなに？

易は陰陽という二元を根本にしてできた中国古代哲学です。

易とは、天地自然の原則を陰と陽の二元によって説明しているものです。約三千五百年前に中国で生まれ、日本に五世紀の初め頃に伝えられたといわれています。易は伏義（古代中国の文化をつくったとされる神で三皇の一人）によって始められたとされています。その後、周の皇帝の文王とその子周公によって大成されたといわれ、「周易」とも呼称されます。そして、四書五経の中の一つの『易経』という経典にまとめられました。『易経』は、泰の時代の始皇帝の焚書坑儒《ふんしょこうじゅ》の難を逃れ、今日に伝えられています。

歴代の中国の皇帝が国を治める過程で、易を頼りとし、国を統治してきたのです。

易の字源

「易」という字の字源については二つの説があります。

一つは、日月説です。日は陽をかたどり、月は陰をかたどったものであり、易は陰陽を根本的な二元とするものなので、日と月を上下に合わせた文字が「易」になったという説です。

もう一つの説は蜥易《せきえき》説です。「易」という文字は象形文字で、トカゲのことを表すというものです。トカゲは一日に十二回も色を変えるので、易という字になったという説があり、学術的には、蜥易説が易の字の字源となっています。

易の三義《さんぎ》

易は、易簡《いかん》、変易《へんえき》、不易《ふえき》であるというのが「易の三義」です。それぞれについて説明します。

易簡＝易は簡単でわかりやすく、シンプルということです。

変易＝自然界は、春夏秋冬の移り変わり、昼と夜の移り変わり等、常に変化していて、全てのものは絶えず変化しているということです。

不易＝自然界の万物は、絶えず変化していますが、その中にも一定の不変である法則があるということです。例えば、一年は、春の次に夏がきて、その次は秋、その次は冬というように、絶えず変化している中でも一定の変わらない法則があるということです。

このように、易というものは簡単でありますが、複雑な変化があり、複雑に変化しても、そこには一定の不変の法則があるということです。

八卦《はっけ》（小成卦《しょうせいか》）ってなに？

八卦分岐図

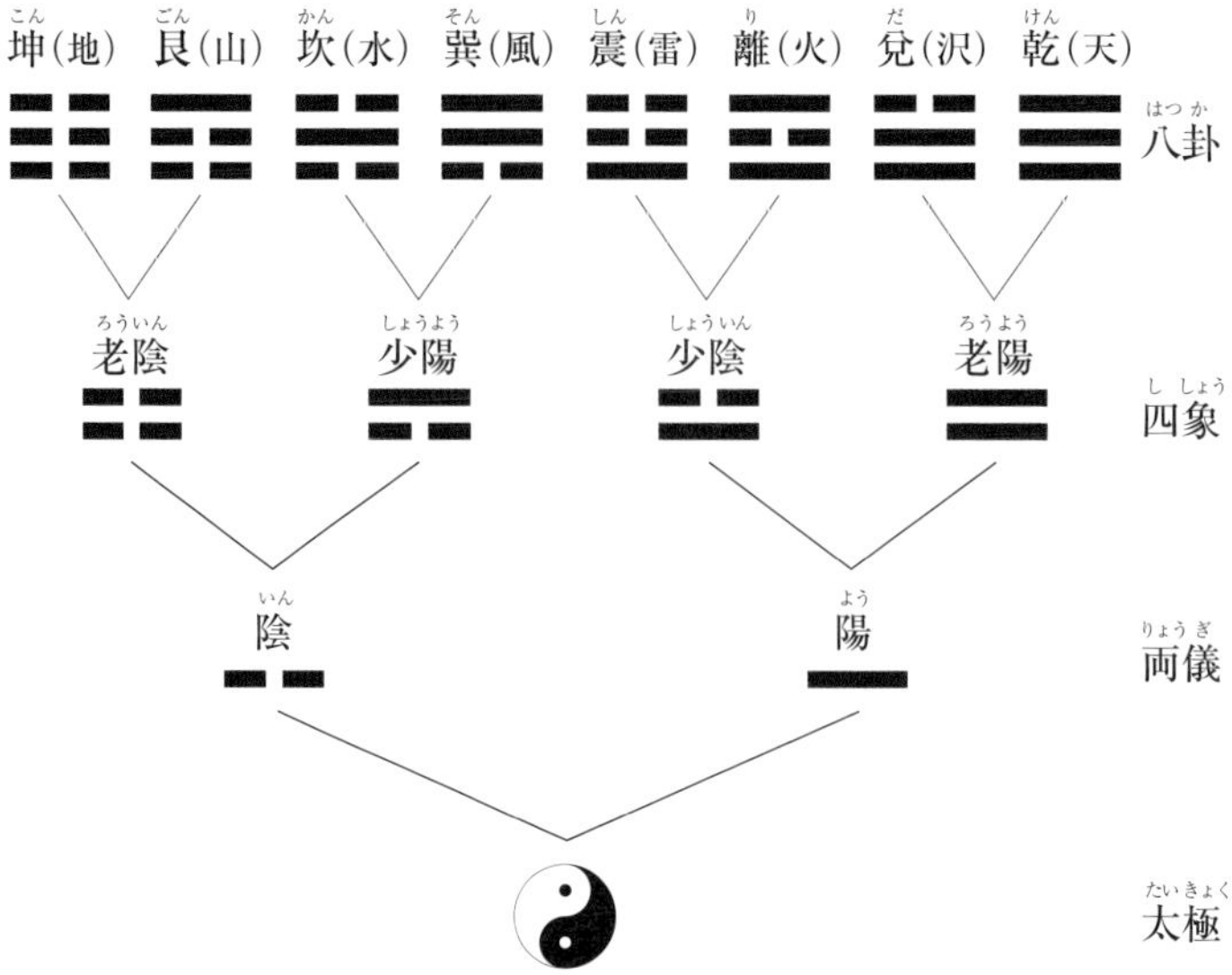

『易経』の繋辞伝《けいじでん》に易の八卦（「はっか」とも）ができる過程を説明しています。

「易に太極あり、是れ両儀《りょうぎ》を生ず」とあります。両儀とは陰陽のことで、太極は陰と陽に分かれるといっています。

次に「両儀は四象《ししょう》を生じ、四象は八卦を生ず」とあります。陰陽に分かれたそれぞれが、さらに細かく陰と陽に分かれることで、四象となります。陽をさらに陰陽に分けると、老陽（陽中の陽）、少陰（陽中の陰）に分かれます。陰をさらに分けると、少陽（陰中の陽）、老陰（陰中の陰）に分かれます。「老」というのは、程度が大変多いという意味で、「少」というのは、程度が少ないという意味があります。これは、季節でいうと、老陽は夏、少陰は春、老陰は冬、少陽は秋を表します。これでわかるように、四季のうち、春と夏は陽であり、秋と冬は陰の季節になります。

また、四象の上にさらに陰陽が重なり、八卦に分かれます。八卦は、「乾《けん》」「兌《だ》」「離《り》」「震《しん》」「巽《そん》」「坎《かん》」「艮《ごん》」「坤《こん》」の八種類の卦《け》（小成卦）であり、この八卦で森羅万象を表すといわれています。この八卦にもそれぞれ陰陽があります。

太極

易は「初めに太極あり」といい、太極は易の陰陽の根源で、万物創造の母体となります。太極は陰陽の両儀を生じ、両儀は四象を生じ、四象は八卦を生じます。

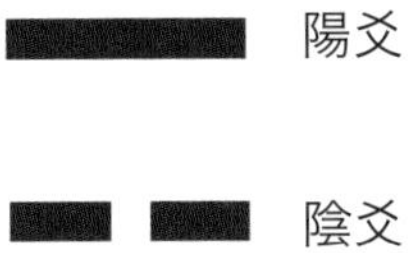

爻《こう》

太極が両儀に分かれる時に陽と陰に分かれます。陽を表す記号を陽爻《ようこう》、陰を表す記号を陰爻《いんこう》といいます。易の陰陽を表す記号を爻といい、この爻の形により、陰と陽を表します。

八卦

八卦は、爻が三つ重なったもので、小成卦ともいわれます。

大成卦《たいせいか》

134頁参照

八卦（小成卦）が上下に二つ重なり、爻が六つ積み重なったものを、大成卦といいます。大成卦は、八卦×八卦（8×8＝64）で、六十四卦あります。

小成卦を下から重ね、二つ重なったものを大成卦といいますが、下の小成卦を内卦《ないか》（下卦《しもか》）、上の小成卦を外卦《がいか》（上卦《かみか》）といいます。

◎八卦配当表

八卦	坤《こん》 ☷	艮《ごん》 ☶	坎《かん》 ☵	巽《そん》 ☴	震《しん》 ☳	離《り》 ☲	兌《だ》 ☱	乾《けん》 ☰
自然	地	山	水	風	雷	火	沢	天
人間	母	少男	中男	長女	長男	中女	少女	父
属性	順	止	陥	入	動	麗	説	健
身体	腹	手	耳	股	足	目	口	首
方角	西南	東北	北	東南	東	南	西	西北
易数	8	7	6	5	4	3	2	1

乾
けん

☰

正象（自然現象）は「天」。
卦徳（性質・はたらき）は「剛健」。
天の尊いもの、高いもの、広い所、大きなもの、丸いもの、堅いもの、動的なもの、明るいものを表します。
五行＝金
人　＝天皇、主、父、夫、高貴な人、社長、資本家など
人体＝首、頭、骨、肺
場所＝首都、大都会、皇居、官庁、天空、海、大平原、大川など
物　＝貴金属、宝石、米、木の実、高層建築、貨幣、鉱物、乗り物など
季節＝晩秋から初冬にかけての間（十月、十一月）
時間＝午後七時から十一時までの四時間
方位＝西北
天気＝晴れ
味　＝辛味
色　＝白色、金色
数　＝易数は一　五行（金）の数は四、九

兌

だ

☱

正象は「沢」。
卦徳は「悦」。
沢で水に関すること、口に関係するもの、食べること、話すこと、笑うこと、楽しむこと、傷、刃物などを表します。
五行＝金
人　＝少女（末の女性）、若い女性、歌手、口の上手な人、声優、商人、アナウンサー、外科医など
人体＝口、肺、歯
場所＝食堂、宴会場、沼沢地、娯楽街、台所、講習会場など
物　＝食べ物、飲料、宴会、ゲーム、壊れたもの、刃物など
季節＝秋（九月）
時間＝午後五時から七時までの二時間
方位＝西
天気＝曇り
味　＝辛味
色　＝白色、金色
数　＝易数は二　五行（金）の数は四、九

離《り》

☲

正象は「火」。

卦徳は「明智」。

火に関係するもの、太陽、明るく美しいもの、文化、文明、はっきりしているもの、見るもの、公のもの等を表します。

五行＝火
人　＝中女（長女・末娘でない女性）、美人、学者、芸能人、文筆家、裁判官、警察官、消防士、芸術家など
人体＝心臓、目
場所＝官庁、裁判所、警察署、図書館、美術館、劇場、美容院、灯台、火事場、試験場など
物　＝書物、美術品、メガネ、カメラ、甲冑、貨幣など
季節＝夏（六月）
時間＝午前十一時から午後一時までの二時間
方位＝南
天気＝晴れ
味　＝苦味
色　＝赤色、紫色
数　＝易数は三　五行（火）の数は二、七

震
しん

☳

正象は「雷」。

卦徳は「奮動」。

雷のように騒がしいもの、驚くもの、音を出すもの、響き伝わるもの、振動のあるもの、電気に関係あるもの、積極的なもの、動くもの、勢いのあるものを表します。

五行＝木
人　＝皇太子、長男、青年、電気・音楽関係の人、
　　放送・報道関係の人、騒々しい人、発起人など
人体＝肝臓、神経、足
場所＝震源地、発電所、放送局、騒がしい所、道路など
物　＝地震、電気、電話、木、草、花火、楽器、車など
季節＝春（三月）
時間＝午前五時から七時までの二時間
方位＝東
天気＝晴れ、雷（夕立）
味　＝酸味
色　＝青色
数　＝易数は四　五行（木）の数は三、八

巽《そん》

☴

正象は「風」。

卦徳は「伏入」。

風のように軽やかで柔軟なもの、動き揺れるもの、遠方、長いもの、世間、評判、信用、迷いを表します。

五行＝木
人　＝長女、商売人、決断力のない人、旅人など
人体＝肝臓、呼吸器、腸、股
場所＝道路、電車、飛行場、店舗、出入口、木造住宅など
物　＝木材、手紙、飛行機、扇風機、線香、噂、紐類など
季節＝晩春から初夏にかけての間（四月、五月）
時間＝午前七時から十一時までの四時間
方位＝東南
天気＝風の吹く日
味　＝酸味
色　＝青色、緑色
数　＝易数は五　五行（木）の数は三、八

坎
かん

☵

正象は「水」。
卦徳は「陥険」。
水に関係するもの、液体のもの、冷たいもの、暗いもの、穴に陥ったもの、苦しみ、悩みを表します。
五行＝水
人　＝中男（長男・末男でない男性）、学者、病人、悪人、策謀家、悩んでいる人、貧困者など
人体＝腎臓、耳、泌尿器、性器
場所＝海、川、水源地、寒い場所、地下室、病院など
物　＝月、水、水道、飲み物、酒類、穴、毒物など
季節＝冬（十二月）
時間＝午後十一時から午前一時までの二時間
方位＝北
天気＝雨、雪
味　＝鹹味
色　＝黒色
数　＝易数は六　五行（水）の数は一、六

艮

ごん

☶

正象は「山」。

卦徳は「静止」。

山のように高くてどっしりしたもの、高尚なもの、止まって動かないもの、ものの終わりにして始めを表します。

五行＝土

人　＝少男（末の男性）、少年、高尚な人、篤実な人、頑固な人、真面目な人、後継者、相続人など

人体＝背、肩、鼻、手、関節、消化器

場所＝山、城、門、家、宗廟、高い所、玄関など

物　＝屋根、不動産、門、果実、倉庫、墓など

季節＝晩冬から初春にかけての間（一月、二月）

時間＝午前一時から五時までの四時間

方位＝東北　※鬼門の方位

天気＝曇り

味　＝甘味

色　＝黄色

数　＝易数は七　五行（土）の数は五、十

坤

こん

☷

正象は「地」。
卦徳は「従順」。
地に関するもので、低いもの、平らなもの、四角いもの、柔らかいもの、静的なもの、包容するもの、暗いもの、細かいもの、卑しいものを表します。
五行＝土
人　＝皇后、母、妻、老婦、大衆、労働者、平凡な人など
人体＝腹部、胃、腸、血肉
場所＝農村、故郷、集会場、仕事場、陸地、田畑など
物　＝土で作ったもの全て、衣服、布類、粉末状のもの、容器、家財道具、畳など
季節＝晩夏から初秋にかけての間（七月、八月）
時間＝午後一時から五時までの四時間
方位＝西南　　※裏鬼門の方位
天気＝曇り、霧雨
味　＝甘味
色　＝黄色、黒色
数　＝易数は八　五行（土）の数は五、十

易の家族関係

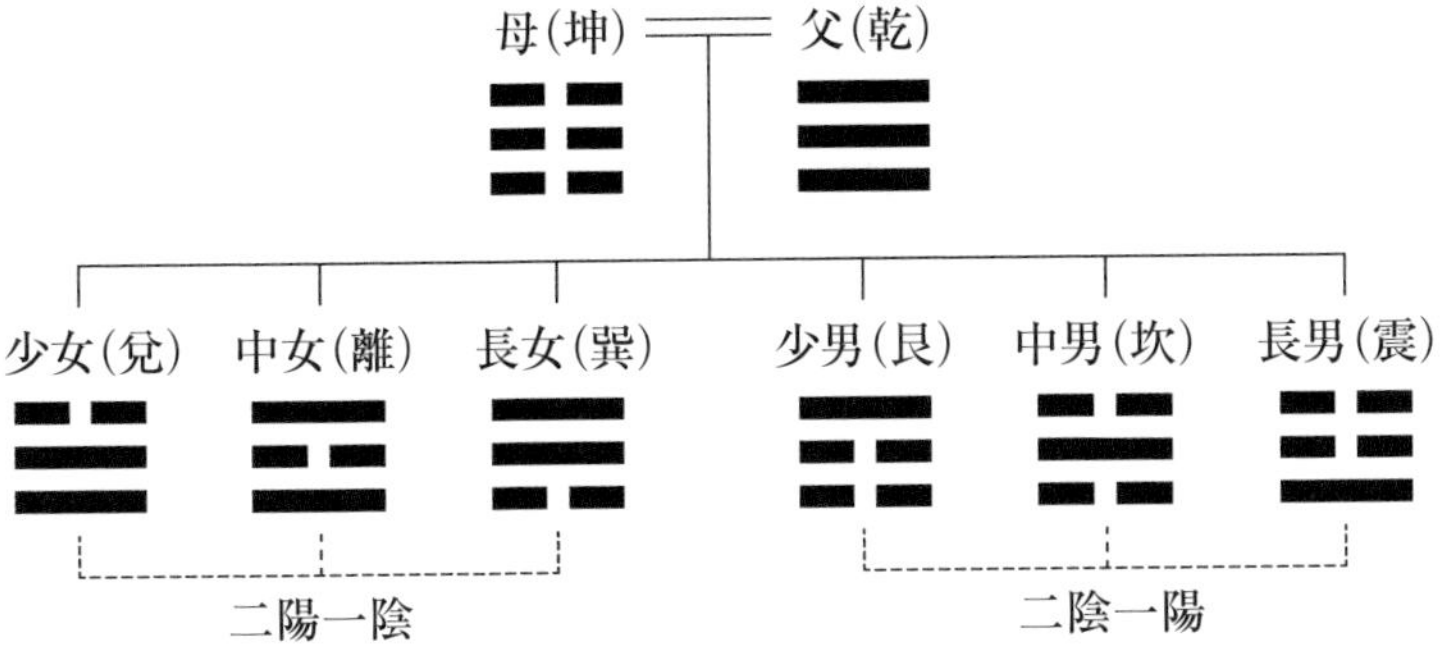

易の八卦は、家族の人間関係も表します。

乾（全陽）は父を、坤（全陰）は母を表します。この父母の間には、「乾坤に六子あり」ということで、三男三女があります。

易では、他と異なるところが特徴となり、注目するところとなります。

父の全陽卦と母の全陰卦は特別の卦となりますが、その二つの卦を除くと、小成卦の三爻の陰陽の構成が、二陽一陰卦か二陰一陽卦のどちらかになります。このうち、一つしかないものによってその卦の陰陽を決めます。陽爻が一つで陰爻が二つのものが、陽の卦となり、男を表します。陰爻が一つで陽爻が二つのものが陰の卦となり、女を表します。

易は、下から積み重ねていくので、陽爻が一番下の初爻の卦を長男、陽爻が二爻の卦を中男（次男以下の中間子のこと）、陽爻が三爻の卦を少男（末男）とします。

男の子供と同じように、長女、中女、少女も、陰爻が、初爻の卦は長女、二爻の卦は中女、三爻の卦は少女とします。

大成卦ってなに？

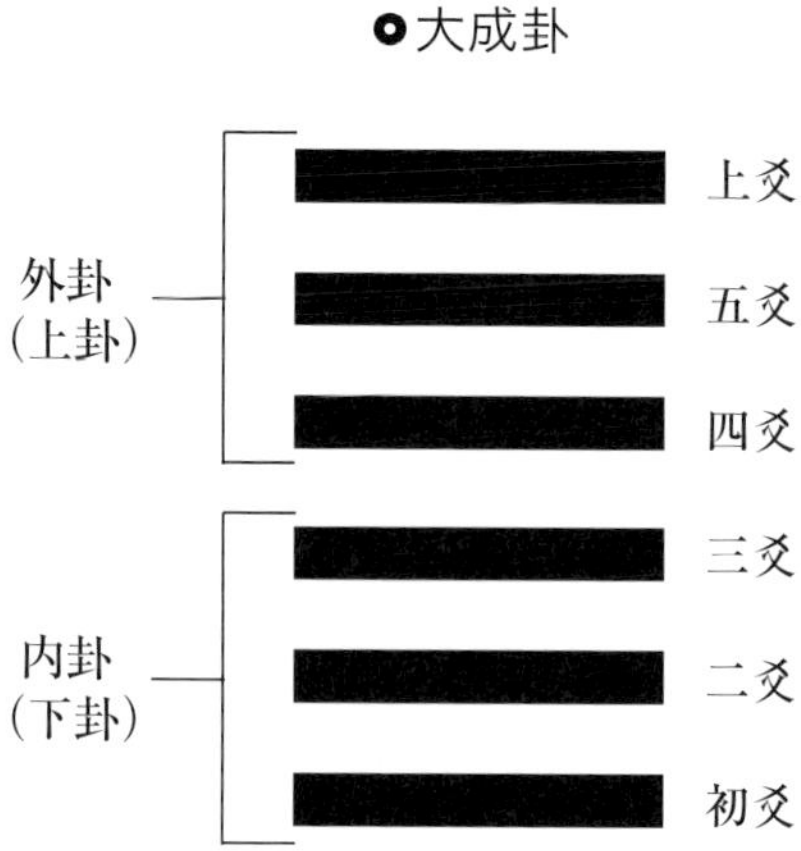

大成卦は、本卦ともいい、小成卦を上下に二つ組み合わせたものです。

大成卦は、六つの爻で構成されています。小成卦（八卦）を二つ重ねるため、8×8＝64で、六十四卦があります。上の卦を外卦（上卦）、下の卦を内卦（下卦）といいます。

場所で見ると、上卦は外側、下卦は内側とみなします。時間で見ると、上卦のほうがより先の未来、下卦のほうが現在に近いところを示すとみなします。

「易は逆数なり」といい、下から数えて初爻《しょこう》、二爻、三爻、四爻、五爻、上爻《じょうこう》といいます。爻をつくっていくときも下から積み重ねていきます。易では、陽爻を九《きゅう》、陰爻を六《りく》と呼びます。

したがって、陽爻の時は、初九《しょきゅう》、九二、九三、九四、九五、上《じょう》九《きゅう》と呼び、陰爻の時は、初六《しょりく》、六二、六三、六四、六五、上六《じょうりく》と呼びます。

◎六十四卦表

外卦／内卦	乾（天）	兌（沢）	離（火）	震（雷）	巽（風）	坎（水）	艮（山）	坤（地）
乾（天）	乾為天	沢天夬	火天大有	雷天大壮	風天小畜	水天需	山天大畜	地天泰
兌（沢）	天沢履	兌為沢	火沢睽	雷沢帰妹	風沢中孚	水沢節	山沢損	地沢臨
離（火）	天火同人	沢火革	離為火	雷火豊	風火家人	水火既済	山火賁	地火明夷
震（雷）	天雷无妄	沢雷随	火雷噬嗑	震為雷	風雷益	水雷屯	山雷頤	地雷復
巽（風）	天風姤	沢風大過	火風鼎	雷風恒	巽為風	水風井	山風蠱	地風升
坎（水）	天水訟	沢水困	火水未済	雷水解	風水渙	坎為水	山水蒙	地水師
艮（山）	天山遯	沢山咸	火山旅	雷山小過	風山漸	水山蹇	艮為山	地山謙
坤（地）	天地否	沢地萃	火地晋	雷地豫	風地観	水地比	山地剥	坤為地

大成卦による社会構造

爻	都邑	会社	国家	人体
上爻	郊外	会長	天皇	首・頭
五爻	首都	社長	首相	胸・背
四爻	大都会	重役	大臣	腹
三爻	市	課長	知事	股・腰
二爻	町	係長	市町村	脛
初爻	村	平社員	国民	足首

易の大成卦を使って、社会の構造などを俯瞰することができます。一つの卦（大成卦）を国家、会社、人体などにも見ることができます。その場合、各爻をその中の部位に当てはめる見方があります。

大成卦の六爻を、人体として見る場合、初爻の位置では足首、二爻は脛、三爻は股・腰、四爻は腹、五爻は胸・背、上爻は首・頭を表しています。

また、会社として見る時には、初爻の位置では平社員、二爻は係長、三爻は課長、四爻は重役、五爻は社長、上爻は会長として見ることができます。

会社を表す場合、五爻の位置が社長であったように、五爻の位置が最も重要なところとされています。

このように、易の大成卦では、大成卦の爻の位置によって、物事の中の構成や状況を客観的に配当して見ることができます。

易の三才の位

◉小成卦の三才の位

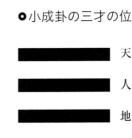

◉大成卦の三才の位

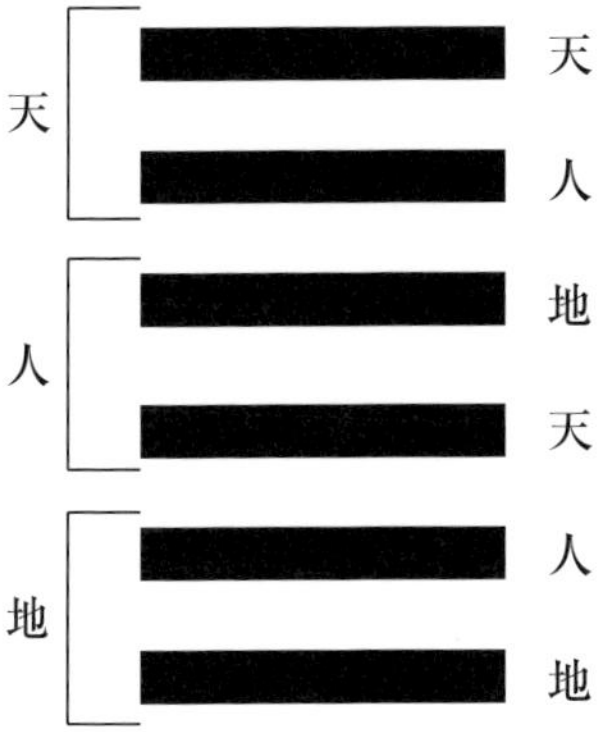

古くから、宇宙、自然界の働きは、「天・人・地」の三才によると考えられています。三才によって、宇宙万物を表します。

易の小成卦も爻が三つ重ねられて、卦ができていますので、その小成卦に「天・人・地」の三才の位をつけます。小成卦では、下から地の位、人の位、・天の位とします。

そして、大成卦の場合は、六爻ですので、初爻・二爻を合わせて地の位、三爻・四爻を合わせて人の位、五爻・上爻を合わせて天の位とします。

十二消長卦ってなに？

易の十二消長卦を見ることによって、一年間の陰陽の盛衰がわかります。

十二消長卦では、五月（巳月）に全陽の「乾為天《けんいてん》」の卦になり、最も陽が強い状態を表しています。自然界では、毎年、六月二十二日頃には夏至を迎え、自然界の陰陽のバランスの上では、この夏至の瞬間が最高に陽の気が強くなります。陰陽の「陽が極まると、転じて陰となす」の理《ことわり》のように、夏至を迎えた次の瞬間には、陰の気が兆《きざ》してきます。その様子を表したのが、六月（午月）の十二消長卦の「天風姤《てんぷうこ》」で、夏至を境に全陽の卦の初爻に陰の気が入り込んだ様子を表しています。夏至で兆した陰の気は、七月（未月）では「天山遯《てんざんとん》」、八月（申月）では「天地否《てんちひ》」、九月（酉月）では「風地観《ふうちかん》」、十月（戌月）では「山地剥《さんちはく》」と、冬至に向かって徐々に増えていきますが、十一月（亥月）には、ついに全陰の「坤為《こんい》地《ち》」になり、陽の気が全くなくなってしまいます。この時期に炉を開いて、火（陽）の気を取り入れます。十二月（子月）には冬至を迎えますが、冬至で極陰になった瞬間にはまた陽の気が兆してきます。これを「地雷復《ちらいふく》」の卦で表します。「一陽来復」、太陽の力の再生を祝います。

◎十二消長卦

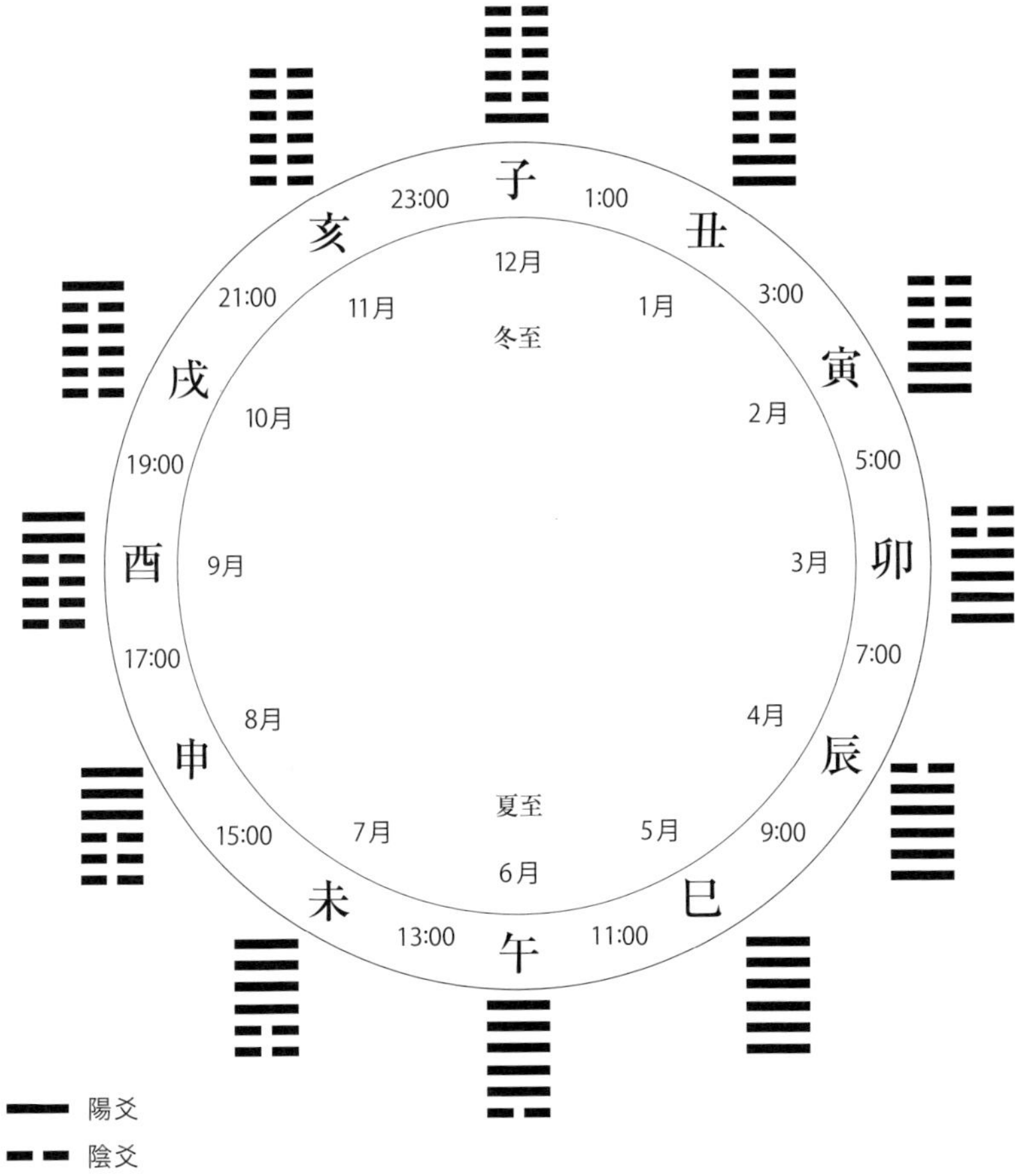

2月	3月	4月	5月	6月	7月	8月	9月	10月	11月	12月	1月
䷊	䷡	䷪	䷀	䷫	䷠	䷋	䷓	䷖	䷁	䷗	䷒
地天泰	雷天大壮	沢天夬	乾為天	天風姤	天山遯	天地否	風地観	山地剥	坤為地	地雷復	地沢臨

易と茶の湯の関係

◉木の三合

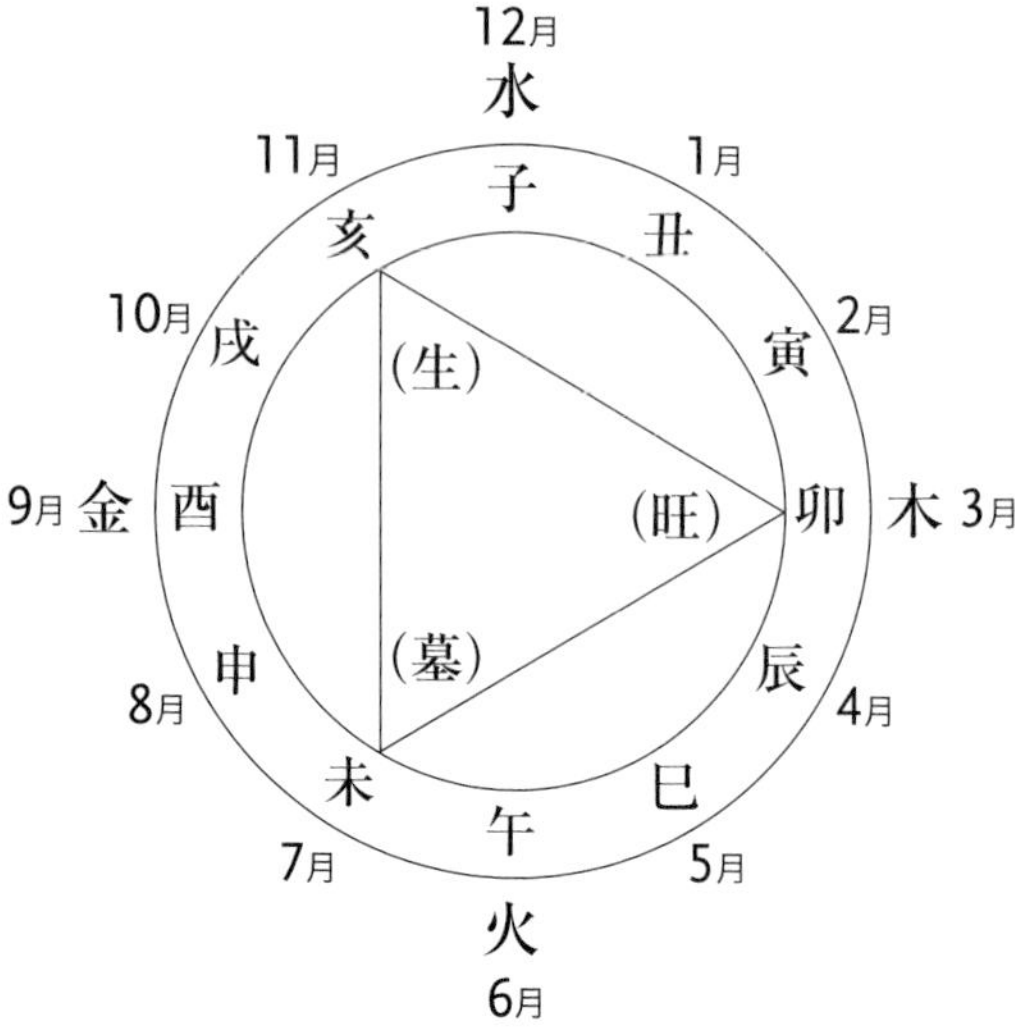

十一月の立冬をもって、亥月を迎えます。

茶の湯では、亥月亥日に「炉開き」「口切《くちきり》の茶事」をして、茶人の正月と呼ばれる、新年を迎えます。八十八夜（１０６頁）に摘み取った新茶を茶葉として、茶壺の中で蓄え熟成させておきます。十一月の口切の茶事では、やっとその茶壺の封を切り中の茶葉を臼で挽いて、当年初の濃茶を点てていただくことができます。口切の茶事によって、待ちに待った新茶を皆と共に分かち合っていただくことをお祝いします。

当年初の新茶の使い始めのこの時期を「茶人の正月」とし、格式高い濃茶をいただく晴れの茶事が行われます。

亥月は、五行では「水気」＝冬の始まりでもあります。冬至が近く、陰の気が満ちて陽の気がなくなり寒くなるため、火によって陽の気をとり入れます。炉開きが行われるのもこのためです。一方で、亥は「亥・卯・未」の木局の三合をつくることのできる一年の「木気」の始まりの時でもあります。正月とは、新しい年の「木気」を迎える儀式でもありますので、亥月が大きな「木気」の始まりであり、正月といわれる所以でもあります。

参考文献

中村璋八『五行大義』中国古典新書（明徳出版社）
中村璋八・古藤友子『五行大義　上』新編漢文選　思想・歴史シリーズ（明治書院）
中村璋八・清水浩子『五行大義　下』新編漢文選　思想・歴史シリーズ（明治書院）
朱宗元・趙青樹原著・中村璋八・中村敞子訳『陰陽五行学説入門』（たにぐち書店）
中村璋八・古藤友子『周易本義』中国古典新書続編（明徳出版社）
吉野裕子『陰陽五行と日本の民俗』（人文書院）
吉野裕子『ダルマの民俗学　陰陽五行から解く』岩波新書（岩波書店）
吉野裕子『十二支　易・五行と日本の民俗』（人文書院）
吉野裕子『五行循環』（人文書院）
吉野裕子『カミナリさまはなぜヘソを狙うのか？』（サンマーク出版）
小林三剛・中山正和・後藤恵康『東洋医学講座　第十七巻　易経基礎編』（自然社）
関根宗中『茶の湯と易と陰陽五行』（淡交社）
稲田義行『癒しと救いの五行大義　現代の占技占術を支配する「陰陽五行の秘本」を読み解く』（現代書林）
髙田真治・後藤基巳訳『易経　上』岩波文庫（岩波書店）
髙田真治・後藤基巳訳『易経　下』岩波文庫（岩波書店）
柳下尚範『易入門　正しい易占いの要領』（虹有社）
鹿島秀峰『易経精義』運勢叢書（神宮館）
石川雅章『易学講話　占筮指南』（共栄書房）
加藤大岳『易学大講座』（紀元書房）
西山賢一『左右学への招待』知恵の森文庫（光文社）
永田久『年中行事を「科学」する　暦のなかの文化と知恵』（日本経済新聞社）
阿部孤柳『日本料理の真髄』講談社＋α新書（講談社）
後藤紘一良『茶懐石　美しい盛り付けのポイント』（淡交社）
伊藤剛『カラダを考える東洋医学』（朝日新聞出版）
坂本太郎・家永三郎・井上光貞・大野晋校注『日本書紀（一）』岩波文庫（岩波書店）
倉野憲司校注『古事記』岩波文庫（岩波書店）
倉野憲司・武田祐吉校注『日本古典文学大系１　古事記 祝詞』（岩波書店）
岡田芳朗『旧暦読本―現代に生きる「こよみ」の知恵』（創元社）
片山真人『暦の科学』（ベレ出版）
『淡交別冊　陰陽五行　茶の湯のなかの易思想』（淡交社）
木場明志監修『淡交ムック　陰陽五行』（淡交社）
淡交社編集局編『茶の湯と陰陽五行　茶道具にみられる陰陽五行』（淡交社）

長田なお　おさだ・なお
学生時代から古の文化に興味を持ち、古典籍を研究する。
陰陽五行説と周易（易経）を中村璋八先生に、
陰陽五行説と民俗学を吉野裕子先生に師事。
学校の講師や企業の企画、テレビや雑誌などを通して、
日本の伝統文化を伝える活動を展開している。
著書に『懐紙で包む、まごころを贈る』（淡交社）。
『暮らしのならわし十二か月』（飛鳥新社）では、監修を担当した。

イラスト
西淑　にし・しゅく
福岡県生まれ。
雑誌、広告、パッケージ、CDジャケット、書籍の装幀などの
イラストレーションを手がける。
京都、鳥取を拠点に活動。

ブックデザイン
縄田智子　L'espace

陰陽五行でわかる日本のならわし

二〇一八年十二月十三日　初版発行
二〇二三年六月十一日　四版発行

著　者　長田なお
発行者　納屋嘉人
発行所　株式会社　淡交社
本社　〒六〇三―八五八八　京都市北区堀川通鞍馬口上ル
営業　〇七五（四三二）五一五一
編集　〇七五（四三二）五一六一
支社　〒一六二―〇〇六一　東京都新宿区市谷柳町三九―一
営業　〇三（五二六九）七九四一
編集　〇三（五二六九）一六九一
www.tankosha.co.jp

印刷・製本　図書印刷株式会社

ISBN978-4-473-04279-8

● 長田なお「折形」の本

懐紙で包む、まごころを贈る
長田なお

A5判　並製　80頁(オールカラー)
定価:本体1,400円+税
ISBNコード:978-4-473-04038-1

贈りものを和紙で包む礼法「折形」をはじめてみませんか。

本書では、お手軽な懐紙を使った折形をご提案。ご祝儀袋になる「たとう包み」や、お祝い事に彩を添える「ごま塩包み」、そしてお菓子をのせる「かいしき」など、詳細な折図つきで31種類をご紹介します。ちょっとした心付けやおもてなしの際にうってつけです。いつでも・その場で・大切な人に、お祝いやお礼の気持ちをさらりと包んで、素敵な大人になりましょう。水引の結び方9種類も収録。